「幸せ」をつかむ戦略

Strategies for "happiness"

聞く人
富永朋信

答える人
ダン・アリエリー
デューク大学教授
BEworks共同創業者

日経BP

「幸せ」をつかむ戦略

LIBRARY

はじめに――なぜ私がダン・アリエリーにハマったか

筆者が生業としているマーケティングは、メディア、通信手段、消費者のライフスタイルの変化によりダイナミックに変化している、と一般的に言われます。特にデジタル技術をベースにしたコミュニケーション手段の多様化、その内容のリッチ化および一人一人の消費者に合わせたカスタマイズ、決済手段の多様化、そこに関連した購買プロセスの洗練などの分野は日々新しいアイデアが提唱され、それにより従来の手法が時代遅れとなったり、その役割が見直されたりしています。

一方、マーケティングには、変わらない要素もあります。それはマーケティングが人間を対象にした営みであること、もう少し精密に言えば、ターゲットとなる人に、何かしらの働きかけをすることにより、その認知・態度・行動のポジティブな変容を意図するものである、ということです。

人間にどのような働きかけをすると、どのような反応が返ってくるのか、これを綿密に組み立て、ターゲットが関心を持てるような内容で働きかけを行うことにより、事業者が望むような変容を励起し、その製品やブランドへの関わりを深めてもらう。これがマーケティングのベースにあることです。この「ターゲットが関心を持てるような内容」というところに、マーケティングの複雑さ、難しさがあります。

1つ目の複雑さは、伝え手が伝えたい内容を、そのままダイレクトに表現しても、ターゲットに伝わるとは限らないことです。

人間には、例えば「特段なんの関係もない人に命令されると反発する」という性質があるように思われます。それを踏まえ、意中の異性を「ターゲット」と捉えたときに「私と交際しろ」というメッセージを伝えたことを想定してみましょう。この「私と交際しろ」は、意中の相手に対する、最も端的かつシンプルなメッセージであるように思われます。しかし、誰が考えても分かるように、特段何の関係もない人物からこのような言い方をされて前向きに考える人などまずいません。つまりこのような言い方はターゲットの認知変容は起こすものの、それはネガティブなものであり、伝え手の意図に合ったものではないわけです。

折角実践しているコミュニケーションをポジティブな結果につなげるためには、このような人間の性質を押さえ、どのような内容を、どんな順番で、どんな場所で伝えていくか、という戦略が大切です。マーケティングの用語で言うならば、どのようなコンテンツをどのようなメディアで発信し、カスタマーエンゲージメントを深めていくか、ということです。

2つ目の複雑さは、ターゲットに働きかけている事業者は、あなただけではない、ということです。

ご自身のビジネスの競合はどこか、と自問するとき、反射的にカテゴリー内の同業他社を想像するのではないかと思いますが、ことマーケティング（コミュニケーション）においては、消費者にメッセージを届けようとするすべての事業者が競合になります。

新宿・歌舞伎町の街並みには、飲食店、ゲームセンター、カラオケ店など多くの店舗の看板が並んでおり、その数はあまりに多く、業態関係なく通行人に対して光を放っているため、どこか特定の看板が目立つ（＝認知変容に成功している）という状態ではありません。

マーケティングコミュニケーションは、どのようなメディアにおいても大なり小なりこういう状態であり、あなたが事業者としてターゲットの認知や態度、行動の変容を起こすためには、これらの競合をかいくぐって、ターゲットにまずは認識してもらわなければならないのです。

あなたが1つ目の複雑さとして指摘したような事項を踏まえてマーケティングコミュニケーションを開発しても、他社が同様な工夫をしてくれれば、それは特段目を引くことなく埋没してしまいます。つまり、マーケティングコミュニケーションに従事する者は、競合するコミュニケーションの中で、相対的により高い注目度で認識される施策を開発するために、人がより注目する施策にはどんな要件が具備されていなければならないかを理解し、かつそれをターゲットに伝わる言い方で言う必要があるのです。

3つ目の複雑さは、人間は合理的に意思決定することはできるにはできますが、その合理性は限定的である、ということです。

有名な最後通牒ゲームという実験があります。これは3人のプレーヤーで、以下のような手順で行います。

（1）プレーヤーAはBに1万円をあずける

（2）Bはそれを Cと分配すべく、金額の提案をする

（3）CがBの提案を受け入れたら、その通りに分配される
（4）拒否したら1万円はAに返却される

このとき、BとCが完全に合理的であれば、Bからの提案は考えられる最小の金額、すなわち1円になります。なぜならばCの立場に立ってみれば、どんなに少ない金額であっても0よりはよいからです。しかし、実際にはCは完全に合理的ではないので、1円などという提案は拒否しますし、BはCに感情移入することによりそれを理解しているので、4000円とか5000円というような提案をするでしょう。このゲームのルール下では、損得を物差しとして、それぞれのプレーヤーが自分の損の最小化・得の最大化を目指すのが合理的です。しかし実際には、公平さ、他者との比較といった損得と関係のない要素がバイアスとして介入し、合理性を阻害するのです。

人間が合理的でなくなるバイアスはほかにも多くあり、これらにより意思決定は必ずしも論理的には行われません。マーケターはこの点を押さえて、ターゲットがどのようなバイアスを抱えていて、どのような働きかけをすれば、望ましい変容を起こすか、理解しなければならないのです。

マーケティングコミュニケーションに従事する者が、ターゲットに対する働きかけ

をつくるときには、上記の3つの複雑さに対峙するために、人間はそもそもどんな欲求を持ち、何に動機づけられ、どのように認知し、どのようなバイアスのもとで意思決定をするか、といった人間の仕組みそのものに接近する必要があります。

私が行動経済学に初めて出会ったのは、そのような問題意識を抱えていた10年ほど前のことです。そこでは先にご紹介した最後通牒ゲームを皮切りに、人間がいかに非合理的であるかが体系的に実験データとともに描かれており、これらは変わらない人間の本質であり、これを踏まえた上でマーケティング施策を考えていくことの重要性を直感しました。

以来、私は行動経済学の虜となり、日本語に翻訳されている書籍は次から次に読み漁りました。

ダニエル・カーネマン、エイモス・トヴェルスキー、リチャード・セイラーなど、著名な学者のものは勿論、タイトルに行動経済学や、それに関連する言葉が付いている書籍はとりあえず手に取ってみる、という入れ込み方でした。

その中でもデューク大学のダン・アリエリー教授の著書は型破りな魅力に溢れていました。実験のみならず、自身の経験もエピソードとして使う自由なスタイル、人間に対する愛に溢れた筆致、イケア効果（自分で作ったものには特別な思い入れが発生するという効果）や、どうにでもなれ効果（ちょっとした失敗で自暴自棄になってしまう傾向）など、従来の行動経済学で語られた理論の枠内にとどまらない、型破りな展開を見せるその考え方に私は魅せられ、学生や若いマーケターにお薦め書籍を問われたときはその著書である『予想どおりに不合理』を挙げることもしばしばでした。

ほかの行動経済学者の著書で語られることは、3つの複雑さのうち、人間の非合理性の指針になるものが多かったのですが、ダンのそれは3つのすべてに示唆があるような、アイデアが詰まったものでした。

2019年の秋、ひょんなきっかけからカナダのトロントにあるBEworks（ダンが共同創業者となっているコンサルティング会社）のオフィスを訪ね、話を伺う機会に恵まれました。10年越しで憧れていた知の巨星に会えることに舞い上がった私は、行動経済学の範囲にとどまらず、ここのところ持っていた「オートノミー（自分のことは自己決定できる自由）が人間の幸せの最大の源泉である」という仮説をダンにぶつけるとともに、行動経済学の巨星が持つ幸せ観に迫る、という意気込みで彼を訪ねました。次のページから繰り広げられるのはその内容と、翌日に行われた「職場のモチベーション」に関する彼の講演の記録です。これらが読者の皆様の人間理解の促進、幸せのデザインの一助になれば、とてもうれしく思います。

CONTENTS

「自分がそのお店を支えている」という実感

第2章

「人間関係」を幸せにするには

パートナーとの関係が年々悪くなるワケ
ものには「適応」できるが、人間は働きかけてくるので難しい
幸せな人間関係には「区切り」が必要
「悪の均衡」が人間関係を悪化させる
パートナーと幸せになりたいなら「離れる」
SNS時代だからこそ、異性と付き合った経験は多いほうが幸せ

自分が変わることを許容し、パートナーと一緒に旅する努力をすべし
「役割の分担」が夫婦関係を壊す
関係が壊れたときこそ、「セックスで修復」

第3章 ダン・アリエリーの「幸せ観」

幸福には「2つのタイプ」がある
楽しくなくても「やりがいのある幸福」のほうが重要
「自分の効用関数に他人を組み込む」と幸せになれる

深夜の赤信号でも渡らないのが人間

第4章 「辛《つら》さ」を幸せに変える

自分の力が及ぶことと及ばないことを区別せよ
「結果」ではなく、「過程」に報いるべし
結果に対してだけ見返りを与える弊害
官僚主義の本質は「信頼の欠如」
渋滞対策を行動経済学的に考えると

「消費」の幸せって何だろう

第 1 章

アマゾンが超便利なのに、本屋に行ってしまう理由

富永　今日のテーマは「幸福」です。なぜ、そんなことを考えたか、説明させてください。きっかけは、ある調査結果でした。日本国内で約2万人にアンケート調査を行った結果、**所得や学歴よりも「自己決定」が幸福感に強い影響を与えているというのです**（『幸福感と自己決定——日本における実証研究』（西村和雄、八木匡））。所得、学歴、自己決定、健康、人間関係の5つについて幸福感と相関するかについて分析したところ、健康、人間関係に次ぐ要因として、自己決定が強い影響を与えることが分かったとのことでした。つまり、幸福度をアップさせるには、「自己コントロール性」が重要だということです。

ダン　私たちはそれを「**オートノミー**（**自主性**）」と呼びます。

富永　なるほど。私にとっては、素晴らしい発表でした。同時に、そこからアマゾンと本屋についても連想しました。

アマゾンはものを買うには最も便利で役立つチャネルですが、私は本屋に行く

くのか。のが大好きです。それって変ですよね。どうしてなのか。なぜ、私は本屋へ行くのか。

本屋では、好きな順番で好きなコーナーに行けます。哲学でも、行動経済学でも雑誌でも、どこのコーナーに行くのも私の自由です。さらに読むだけでもいいし、買うも買わないも私の選択です。それと比べると、アマゾンは非常に洗練された買い物方法ですが、アマゾンがつくった手順に従う必要がある。そんなに難しいことじゃありませんが。

そこで気づいたのです。私が本屋へ行くのは、**オートノミーによる自由が好きだから**、ではないかと。この気づきによって、幸福はオートノミーと大いに関係していると思うようになったんです。あなたは自身の著作で幸福に触れていますし、最も優れた洞察をお持ちかと思います。今日お話を伺うのを待ちきれませんでした。

ダン　ありがとうございます。今のお話は素晴らしい導入ですね。ただ、アマゾンの話については、問題はオートノミーだけではないと思います。

もちろん、オートノミーがものすごく重要だということに疑問の余地はありません。職場におけるオートノミーの重要性については最近手に入れたばかりの新しいデータがあるので、後ほど（第5章で）お話しします。

アマゾンがあるにもかかわらず我々が本屋に通い続ける背景には、私が思うに、いくつか別の要素が隠れていると思います。

1つは、マルチセンサリー・エクスペリエンス（多感覚体験）です。本屋へ行けば、本を見るだけでなく、においをかぐこともできるし重みを感じることもできますね。さらに、買い物とはただ単に目的を果たすだけではない。その過程のどこかに魅力的なものがある。例えば、**偶然の出会いに何かがわくわくする**。それこそ、本屋にあって、オンラインにはないもの。それが2つ目の要素です。

ものには「意味」がくっついている

ダン　また別の要素もあります。それは私たちが手に入れるものの「象徴的な意味」です。

このコップについて想像してみてください。ガラスのコップで、ただそれだけです。しかし私にしてみると、このコップがBEworksのものだということを知っているので、感じ方が違ってきます。

BEworksは私の第2の家みたいなもので、そこのグラスだと、いい気分になります。考えてみると、例えば本を買うとき、その本には歴史があるのではないでしょうか。地元の本屋でその店のオーナーが薦めてくれて買った本は、ただ店頭に並んだ本とはどこか違う感じがする。心理学者のポール・ブルームは、意味がいかに物体にくっつくかについて素晴らしい実験を行っています。

ブルームはこう言いました。「俳優のジョージ・クルーニーが一度着たスウェットシャツがあったと想像してみてほしい。あなたなら、いくら払いますか」と。ジョージ・クルーニーが好きな人は、そのシャツにかなり高い値段を払ってもいいと考えます。次にこう言った。「このスウェットシャツを洗ったら、いくら払いますか」。すると値段は下がるけれど、まだ何かが残る。私たちは普段、「象徴的な消費」について考えませんが、象徴的な消費は至るところにあります。

そして、**象徴的な消費はものの価値を高める**。あなたが好きな人から贈り物をもらい、その人がなぜこれが大事かを説明したカードが入っていたとしたら、どうでしょうか。たとえそれが、歯磨き粉のような平凡なギフトだったとしても、その贈り物の消費は象徴的な消費になります。

まず、歯磨き粉の入った箱が玄関先に届く。あなたはこの歯磨き粉からどれほどの喜びを得られますか。一方、「私はこの歯磨きが大好きで、いつも使っているものです。あなたにも同じものを使ってほしかったので、どうぞ」と書かれたカードを受け取る。この2つは、大きく異なる体験です。常に最も意味のある体験を求めることはできないけれど、時として、私たちは生活の機能的な側面ばかりにこだわり、感情的な意味合いを軽んじてしまうのではないかと思います。

富永　消費の本質に迫る素晴らしい話ですね。これに関連して私が持っている3つの考えをすべて説明させてください。1つ目はオートノミーによる自由、2つ目がマーチャンダイジングの力、つまりあなたがおっしゃった偶然の出会いや、買い物客をわくわくさせるような売り場づくりなどです。

3つ目が買い物の原体験です。私は5歳のとき、母に500円札をもらったことをよく憶えています。すごく興奮して、小さなお店へ行き、何を買うべきかを決めるのに30分もかけました。

そして、最後にやっと小さなおもちゃを選びました。店員さんと握手して、自分の500円札を渡したら、硬貨でお釣りをくれました。私は、私の大切な神々しいお札が、じゃらじゃらした安っぽい金属に変わってしまったような痛みを感じました。しかし、それで私は自分が欲しいものを手に入れた。その喜び。

この苦痛と甘い感情が交差する体験には、すごく魅力があると思います。以来、こうした消費体験に夢中になっています。

ダン　ものを買う行為は、人間に力を持った気持ちを与えますね。ここに、誰かが持っていたものがあり、それを今は自分が持っている。お金だけで世界の状態を変えることができる。これはすごいことです。

富永　考えてみれば、かなりすごいですよね。

ダン　所有権の移転は人間に大きな衝撃を与える、とても興味深い心理状態だと思います。「買い物セラピー」というものが存在するのは、このためです。人は時々、買い物をすることで、世間に自分の力を示そうとする。これは良いことであり、複雑でもある。その感覚のせいで人がお金を使いすぎ、十分に貯金をしないことは想像がつく。なぜなら、貯蓄からは「権力感」を得られないからです。とはいえ、人間の寿命は延びているので、やはり貯蓄についても考える必要があります。あなたの考えには、間違いなく同意します。ただ何かを買う行為から得られるこの力には、何か驚くべきものがあるけれど、危険でもあります。

「自分がそのお店を支えている」という実感

ダン　さらに、アマゾンにはない消費の幸せは、リアル店舗を支えることと関係しているのではないかと思います。私の個人的な生活から一例を挙げましょう。私の住んでいるノースカロライナ州のダーラムという街に、食べ物を売るキッチンカーがあります。トラックでお店を出している女性がいる。しゃれたオーガニックフードを扱っているんですが、私は彼女のことが好きで、食べ物も気に入っている。ある日、私が銀行から出ようとすると、彼女が入ってくるところで、入り口でばったり会ったんです。

「どう、元気?」と尋ねると、実はトラックが故障して、融資してもらうために銀行に来たのだけれど、ローンがとても高いと。彼女は5000ドル必要で、銀行はすごく高い利子を求めてくるという。そこで、私は言いました。「銀行からお金を借りるのはやめなさい。私が5000ドルを将来買う食べ物のために払うから。私の大学の研究室の人間が何かを買うたびに、そこからお金を出してほしい」と。

彼女にとっては、これはとても良い提案でした。なぜなら、銀行から5000ドルを借りれば、利子を付けて返済しなければならなかったのですから。その代わりに私から5000ドルを手に入れれば、5000ドル分の売り上げを前払いでもらったことになる。そう考えると彼女だけが得をしたように思えるかもしれませんが、この提案は、実は私にとってもいい取引だったんです。なぜかと言えば、私の周囲にいる人が幸せだったら、私の人生も良くなるから。

私たちは時折、小売店と自分自身を競争相手として考えることがあります。「私は食べ物には最小限のお金しか払いたくない」「コーヒーにも最小限のお金しか払いたくない」といった具合ですが、それは真実ではない。私たちには、とても繊細なエコシステム（生態系）があって、私は彼女に廃業してほしくない。それだけではなく、彼女にストレスを感じてほしくないんです。

富永　彼女が必要なんですね。

ダン　そうです。彼女も必要だし、行きつけのコーヒーショップも必要だし、地元のいろんな店も必要なんです。オンラインショッピングの究極は、私たちがアパートに住んでいて、トラックですべてのものを宅配してもらえることですよね。でも一体誰がそんな生活をしたいと思うでしょうか。地元のスーパーに毎日は行きたくないかもしれないけれど、スーパーには廃業してほしくない。それと同じで、すべての本を買うために地元の本屋に行く気はしないけれど、廃業はしてほしくない。

この一件で私がどう変わったかと言えば、**地元経済に対する自分の考え方が「競争」から「協調」に変わったのです。**もっと一般的に言えば、周りの人について考え、全員にとってより良い均衡を生み出そうとすることが自分にとっての幸せにつながる。そのことを理解する必要があると思います。

地元のコーヒーショップを思い浮かべてみてください。私たちは必ずウェイターにチップをあげますね。ならば、コーヒーショップにもチップをあげるべきか。もしかしたら、あげるべきかもしれません。もっといいお店になってほしいですから。共生関係なんです。

先ほどのアマゾンの話で言えば、確かにオートノミーや多感覚体験、消費の象徴的意味は本屋の楽しみを生み出す要因でしょう。さらに、自分が消費者として誰を支えているかという問題でもある。同じお金を払うなら、大事に思う誰かを支えたい。人は恐らく、地元の店について気にかけるほど、アマゾンの収益を気にかけませんよね。

「人間関係」を
幸せにするには

第 2 章

パートナーとの関係が年々悪くなるワケ

質問
01

クルマや家など一生に何回も買わないものは購入後に愛着が増すように思える一方、同じく一生にそう何回も選べない人間のパートナーは、一緒にいる時間が長くなるにつれてネガティブな感情が増すように思える（もちろん、全員が全員そのような傾向という証拠はないが）。クルマや家と人間のパートナーで、どうして違う作用が働くのか。幸せの最大化を考えれば、パートナーへの愛着こそが増すべきであると考えるが、そのための実践的なアイデアはあるか。

ダン　この質問では、2通りの大きな決断に注目していますね。クルマや家を買うという大きな買い物があり、一方で誰かと結婚することを決めるような決断がある。あなたが言っているのは、家などの大きな買い物では時間がたっても同じくらい幸せか、場合によっては幸福度が高まる一方、人間のパートナーの場合はたいてい幸福度が下がっていくと。証拠はありませんが、あなたの直感に同意します。確かに、パートナーへの愛着は典型的に下がると思います。

ものには「適応」できるが、人間は働きかけてくるので難しい

ダン　まず、1つ目のポイントとして、クルマや家について起きることを話しますね。これは「適応」への標準的なアプローチだと思います。

適応とは、どういうことか。**私たちは、「物事に慣れる」というとてつもなく大きな能力を持っているんです。**良いことに慣れる大きな能力があり、悪いことに慣れる大きな能力もある。良いことに慣れてしまうのは残念ですが、悪いことに慣れるのは本当に素晴らしいことです。

大けがを負った人間として言わせてもらうと（編集部注…ダン氏は18歳のとき、不慮の事故によって全身の70％にやけどを負った）、けがをした後は生活の質が劇的に下がり、多くの人は「もう永遠に、こんなにみじめな暮らしになるんだ」と言

私たちは
「物事に慣れる」という
とてつもなく
大きな能力を持っている

います。ところが、実は違います。適応のおかげで、生活の質はまた上向くんです。何かが上向くとき、私たちはとても幸せな気持ちになる。逆に下がることもありますが。

それがクルマや家になると、私たちが経験する良いこと、悪いことは次第に背景に溶け込んでいく。慣れるからです。どこかの家に引っ越し、緑色の化粧板が張られていたと想像してみてください。戸棚がひどい緑色をしている。最初、あなたは「これはひどい。一体誰がこんなところに暮らせるのか」と考える。ところが、戸棚を気にするのをやめると、それは背景に溶け込んでいくんです。

富永　それが適応ということですか。

ダン　その通りです。パートナーの場合には、これとは全く正反対のことが起きるんじゃないかと思います。

最初は、例えば相手について、「いびきをかくのが、すごくかわいい」と言う。あるいは、「こまごまとしたことについて、いちいちケンカになる」と。最初は、こうしたことがかわいらしく思えますが、時間がたつとそう思えなくなってくる。それがもし相手の髪の毛の色が気に入らなかったとしたら、慣れると思います。けれど行動については、いつまでも無視し続けてはいられない。なぜかと言えば、緑色の化粧板や相手の髪の毛は何もしないからです。だから、化粧板や髪の毛に注意を払うのをやめられる。一方で、パートナーのユーモアのセンスはどうでしょう。絶えず下手な冗談を言うんです。これは向こうから働きかけてくるため、無視し続けるのがとても難しい。ここで何が違うかというと、**家とパートナーの違いというよりは、一切動かないために背景に溶け込んでいくものと、注意を引くために私たちが適応できないものとの違いだと思います。**

オリエンティング・レスポンス（定位反応）と呼ばれる現象があります。あなたが牛で、高速道路の脇に立っていると想像してみてください。最初は、クルマが通るたびに頭をもたげ、「これは何だ」と思う。しかし、しばらくすると背景に溶け込んでいき、もうクルマを気にしなくなります。ところが、パートナーの場合はそうはいかないんです。

パートナーは基本的に「私に関心を持って」と言ってくるので、注目をやめることで生じる恩恵が表に出てこないんです。髪の毛の色が気に入らない人と結婚した場合は、いずれそのネガティブな感情は消えていくと思います。髪の毛は特に注意を引かないからです。ところが、結婚相手が毎朝ジョークを言うとすれば、注目しないわけにはいかない。毎朝ジョークを繰り返すから、時間がたてばたつほど、どんどんうっとうしくなるんです。

幸せな人間関係には「区切り」が必要

ダン　2つ目のポイントとして、**私たちは時として、変わるために「区切り」が必要になるんです。**

そのために大晦日がある。「私は違う人間になった」と言う機会です。とても深い宗教的体験をした人は、時折、人間が入れ替わったように感じることもある。また、既存の人間関係の中では変われないが、新しい関係に移ると違う形でスタートできるんです。

富永　でも、それはなぜですか。なぜ区切りというのは、そういう働きをするんでしょうか。

ダン　2つの理由があると思います。1つ目の理由は、私たちが自己を違う形で定義するのを許すこと。例えば、「私はもう同じ人間ではない。本当に新しいスタートを切れる」といったことを言う。過去に行ったことは、自分がそういう人間だという証拠として使われないんです。

ところで、「カルバン主義」という宗教があります。ご存じですか。

富永　分かりません。

ダン　カルバン主義では、人は生まれつき善人か悪人とされています。生まれたときから、天国へ行くか、地獄へ行くかという運命が定められている。ただし、自分がどちらのタイプかが分からないんです。そこで何が起きるかというと、人は善人になろうとして人生を送ります。しかし、たった一度でも悪いことをすれば、自分が地獄へ行く運命であることが分かる。なぜか。善人は決して悪い行いをしないからです。

ところが、人間は自分が善人だと思い込もうとしながら、時折、悪いことをしてしまう。善行は目立たないけれど、悪い行いは本質を明らかにするんです。

富永　面白いですね。

ダン　カルバン主義では、こうしたことがたくさんあります。「The What-The-Hell Effect（どうにでもなれ効果）」と私たちが呼ぶものです。

富永　ヘブン（天国）ではなくヘル（地獄）ですか。

ダン　そうです。なぜなら、対称的ではないからです。これはダイエットにすごくよく表れるんですよ。例えば、とても厳しいダイエットをしていて、ある朝、マフィンを食べたとしましょう。あなたは何て言いますか。**「今日はダイエットの日じゃない、明日から始める」**とか「来月から始める」とか言うでしょうね。これが、どうにでもなれ効果と呼ばれるものです。私は良い人間じゃない。ならば、いっそ楽しんだほうがいい。なぜなら、一度でも悪い行いをしたら、カルバン主義によれば、自分が悪い人間だということを意味するからです。地獄へ行かなければならないなら、いっそ好きにして、楽しんだほうがいい。人間関係が厳格であればあるほど、あなたがどんな人間かについて、悪い行為が多くを物語るんです。私は悪い人間で、地獄へ行くかもしれない。それが最初の考えです。

今日は
ダイエットの日じゃない、
明日から始める

一方、キリスト教のカトリックには「告解」があります。あなたは悪い人間だけれど、「告解をすれば、再出発できる」。こうした起点は非常に重要だと思います。誰もが、おそらく年に一度だけでなく、何度も新しい出発を必要とするのです。

2つ目の理由として、極めて重要なことは、「環境」です。米国では、ベトナム戦争当時、ベトナムでヘロインを使っていた兵士が大勢いました。米国政府は、薬物中毒になった兵士が帰国したときに何が起きるか、非常に心配していた。ところが、薬物中毒であり続けた人はすごく少なかったんです。なぜか。環境が変わったときには、行動を変えるのが簡単だからです。

富永 ヘロインのような中毒性の高いものについても、ですか。

ダン そうです。なぜなら、ヘロインで言えば、これは環境要因だからです。同じ道を歩いて、同じ研究室にいると、いろんなものが過去を思い出させる。離婚したときには家が変わり、友人も何人か変わり、あらゆるものが変わることになります。お金はかかりますけど、問題を抱えたカップルに、家を変えさせ、ただ環境を変えさせたら、面白い実験になると思います。

「悪の均衡」が人間関係を悪化させる

ダン　質問に対する3つ目のポイントは、「悪い均衡」がどんなものかを理解することです。私が本当に気に入っている「公共財ゲーム」というゲームがあります。どういう仕組みかと言えば、例えば、ここが東京だとしましょう。東京の電話帳から無作為に10人を選び、電話をかけて、「あなたは10人のプレーヤーの1人です」と伝えます。ほかのプレーヤーが誰かは絶対に教えません。常に匿名のゲームです。

そして、「毎日1000円あげるので、そのお金で2つの行動のどちらかを取れる」と伝えます。その1000円をそのまま持っていることもできます。その場合、その人は毎日1000円分、お金持ちになる。あるいは、共通基金に預けることもできます。預けた基金のお金は5倍に増え、夜に参加者10人全員で均等に分配されます。これがゲームです。毎日、このゲームをやる。さて、何が起きるでしょうか。

初日にプレーヤーに電話をかけ、ゲームのルールを説明する。すると、全員が共通基金にお金を出します。プレーヤーが10人で、1人当たり1000円ですから、基金が1万円になり、これが5倍に増えるから5万円になります。

富永　赤の他人が10人とおっしゃいましたね。

ダン　そうです。自分以外は見ず知らずの人が9人です。他人同士が合計10人ですが、ほかの参加者のことは誰も知らない。10人のプレーヤーが1人1000円、合計で1万円を共通基金に入れる。夜には5倍に増えて5万円になり、全員が5000円を手に入れます。

これは素晴らしい生活で、何日も続きますが、ある日、1人のプレーヤーがお金を出さないことにした。その日に何が起きるでしょう。その日には、9人が1000円ずつ出して、合計9000円集まる。これが5倍に増えて4万5000円になり、夜に10人全員で均等に分配されます。9人が4500円を手に入れる一方、お金を出さなかった1人だけは、出さなかった1000円と合わせて5500円が手に入る。その人は公共財を悪用し、そのおかげで得をしたわけです。みんなで預ければ全員が5000円もらえるところを、自分だけ5500円もらい、他の人は4500円しかもらえないようにした。基本的に公共財を裏切ったわけですが、それで有利になり、ゲームで優位に立った。けれど、翌日に何が起きるでしょうか。

富永　全員が出さない。

ダン　その通りです。誰一人、お金を共通基金に出さないんです。経済学においては、これは2つの均衡が備わったゲームだと考えられています。全員が参加し、全員が得をする「良い均衡」があり、誰も参加せず、誰も得をしない「悪い均衡」がある。良い均衡はとても脆弱です。悪いことを1つしただけでも、システム全体が悪化していきます。

一方、**悪い均衡はとても安定しているん**です。何か良いことが突然起きるとしましょうか。例えば、6カ月間、誰もお金を拠出しなかったら、ある日、3人がお金を出したとします。その翌日に何が起きるか。全員がお金を出すでしょうか。違います。またゼロに戻るんです。これは、社会における信頼に対する非常にいい比喩だと思いますが、恋愛関係についても当てはまります。何が起きるかといえば、良い均衡を願って暮らしていると、誰かが公共の利益を裏切る。そして、すべてが悪化していくわけです。滑りやすい下り坂はあるけれど、上りやすい上り坂はない。要するに、悪いやり取り、悪い言葉を交わすようになり始めるとき、人は基本的に負の均衡のほうへ向かっていて、自分がその均衡を保つことをやっている。電話で話すときなども、批判的になる。時折、誰かが何か罪のないことをやっても、相手の人はそれをネガティブな形で認識し、良い均衡に戻ることが非常に難しくなります。

富永　多くの洞察をいただきましたが、以前より幸せではないように感じている人に、何かアドバイスはありますか。

ダン　ええ、あります。1つは、私たちは公共財ゲームの教訓を確かに必要としていると思うんです。**身勝手に自分にとって良いことをするとき、長期的には良くないかもしれないことを理解する必要がある。**短期よりも長期について考えなければなりません。なぜなら、短期的で近視眼的な最適化は必ず、低い成果を生み出すからです。

パートナーと幸せになりたいなら「離れる」

ダン　ここから少し一般論になりますが、米国では人が友人と一緒に過ごす時間がどんどん減り、家で過ごす時間がどんどん増える傾向があります。これは良いアプローチではありません。以前の働き方を見ると、例えば、男性は仕事に行き、仕事が終わるとパブへ行き、その後で家に帰っていました。それほど頻繁ではないけれど、女性もほかのことをしていました。ところが今、家族の単位が小さくなりました。

以前は大きな家族と暮らしていたけれど、今では単位が小さくなり、人がお互いと一緒に過ごす時間が過剰になった。実際、一緒にいる時間が長すぎると思います。週に10時間一緒にいて常に幸せに感じる人を見つけられる可能性は低く、50時間となれば、より難しいでしょう。**大切な人に求めるものが多すぎる**んだと思います。

結婚に関する分析があります。かつて結婚というものは、「一緒になって、寒さを逃れよう」という話でした。生活は厳しく、働かなければならなかった。だから「一緒になろう、2人が一緒になったら、生活がラクになる。経済的な工場のように、もっとうまく働けるようになる」と。そういう時代がありました。

次に、人々が「愛情」を求める別の時代がありました。そして今では、人は「自己実現」を求めます。パートナーに対し、一緒に働き、愛することができるだけでなく、自分を向上させてくれることを求める。恋愛関係から、かなり多くのことを求めているんです。

もちろん、それが実現すればとても素晴らしい。ただし、実現する確率はとても低い。うまくいくことを願いながら、その過程で多くの犠牲が出るんです。良いアドバイスがあるとすれば、**「自分の期待値を下げなさい」**。それが1つ。さらにもう1つ、カップルが常に一緒にいることによって、互いを激怒させる可能性があることが多々あることを理解することも重要です。

富永　激怒させる？

ダン　そうです。もっとうまくやる方法を見つける必要があります。

富永　激怒させるとは、どういう意味ですか。

ダン　お互いを嫌いにさせるということです。ちょっとお聞きしますが、一般的に夫と妻だと、どちらがきれい好きだと思いますか。

富永　多分、妻でしょうね。

ダン　夫が散らかしたら、妻は気を悪くしますよね。

富永　そうでしょうね。

ダン　そもそも自分と全く同じ性格や趣味を持った人、あるいは全く同じお金の使い方をする人と結婚する確率はどれくらいあるでしょうか。

人の好みもさまざまです。家具をたくさん置くのが好きな人もいれば、家具を少ししか置かないのが好きな人もいる。部屋の温度を高くして寝るのが好きな人もいれば、低くして寝るのが好きな人もいる。好みがすべて全く同じ人を見つけられる確率は、とても低いですね。

もし私が社会を好きに設計し直すことができるのであれば、1人で過ごす時間を増やしてもいいことにして、カップルから圧力を取り除きます。今の社会では、カップルに向かって「常に一緒にいるべきだ」と言いますが、これが良いレシピだとは思えません。本当は離れているときにお互いを恋しく思うべきだと思います。お互いが恋しくないなら、それは良いことではない。

富永　それは非常に実践的なアイデアですね。

ダン　以前、ある同僚がいました。1年だけ彼がボストンにいて、奥さんがニューヨークにいて、週末にだけ会っていた。当時は子供がいませんでしたが、彼によれば、2つの理由から、あの1年は夢のような時期だったそうです。1つは、お互いを恋しく思ったこと。もう1つは、週末に会ったときには、本当に一緒に時間を過ごしたことです。

カップルがいて、週に数回しか会わないというアイデアは、子供を育てるとしたら大変ですけどね。私は完全にナイーブなわけではありませんが、ロマンスのために世の中を設計するのであれば、絶対に2人の人間を1つの家庭には置かないと思います。別々のマンションを与え、毎日会わせないようにする。少なくとも週に数日は、お互いを恋しく思うようにするんです。そうすれば、恋愛関係を維持するために、あらゆることをするでしょう。さもないと、ロマンスを殺してしまうからです。

富永　まさに、その通りですね。

ダン　ここに子供が入ってくると、そういう暮らしを送るのは難しくなりますが、別々に過ごす重要性は変わりません。

パートナーと一緒に過ごす時間と別々に過ごす時間について、私たちの先入観が間違っていると思うんです。離れている時間があるからこそ、互いを恋しく思えるというのが正しいかもしれません。相手を恋しく思わなくなったとすれば、一緒にいる時間を減らす必要があるという意味です。

質問

02

SNS時代だからこそ、異性と付き合った経験は多いほうが幸せ

初めて付き合った相手とそのまま結婚した人と、10人と付き合った末に結婚した人はどちらが幸せ？

ダン　例えば、学生時代に恋に落ちた相手とそのまま結婚した人と、少し遊び回ってより多くの人に出会った末に結婚した人との幸福度を比較するということですね。**この2人の幸福度は、20年前と今とで大きく異なります。**なぜか説明しましょう。

多くの女性と付き合ったことがある人は、「やれやれ。もう十分いろんな人と出会って、ほかにもっと良い人がいないことが分かった。私が今付き合っている人が一番」と言うこともできるし、「もっと良い相手がいたはずだ」と言うこともできる。そこがポイントです。10人目のガールフレンドと結婚した人がいたとして、相手と良い関係だったとしたら、その良さを際立たせるでしょう。逆にそれが悪い関係だったとしたら、悪さを際立たせる。それが私の考えです。結婚相手との関係が悪ければ、「7番目の彼女と結婚するべきだった」と思ったりする。具体的な比較対象があるからです。後悔について分かっていることの1つは、後悔には何かとても具体的なものが必要だということです。人は逃したチャンスを悔やみます。もし私がパートナーと一緒にいて、それほど幸せでなかったら、「7番目の彼女を覚えている。私たちはすごく幸せだった」と言うでしょう。直接的な比較ができるからです。「10番目は7番目ほど良くない。10番目のほうが良いと思ったけど、そんなに良くなかった。7番目と一緒だったら、どんなに良かったか」と言ったりする。性的な空想の例のように、10番目の彼女とベッドに入りながら、7番目の彼女について夢想しているところを想像してみてください。この比較は2人の関係にとって良いことではありません。幸福を壊すものです。

その点、初めての相手であれば、具体的に夢想する人が誰もいません。何と比べたらいいのか分かりませんよね。ただ結婚相手との関係がうまくいっていないときに、漠然と「ほかに誰か、もっといい人がいたかもしれない」と思うのは、とても辛い気持ちですが。

2つ目のポイントは、ソーシャルメディアで今起きていることです。「FOMO（フォーモー）」という言葉はご存じですね。「Fear Of Missing Out」、取り残される不安のことです。ソーシャルメディアでは、すべての人が自分のことを過度にポジティブに描き出している。フェイスブックにケンカについて投稿するカップルがどれほどいるでしょうか。あまりないことです。**ソーシャルメディ**

ア上ではすべての人が自分より幸せだと考えるバイアスがあるということです。

富永　すべての人が自分よりも幸せ、ですか。

ダン　最初の恋人と結婚した男性と、10人目の恋人と結婚した男性について見てみると、今幸せだとしたら、10人目と結婚した人は10人の中で一番良い相手だということが分かっている。

ところが、最初の恋人と結婚した人は果たしてどうなのか。ソーシャルメディアを見ていると、「ほかに誰か、もっといい人がいたかもしれない」と、以前に増して考えるようになります。なぜなら、明らかに自分自身の基準がないためです。10人でも20人でも、大勢の人とデートした男性は、「自分はいろいろ試している。これが別の選択肢よりも良いことは分かっている」と言えます。

これまで一度もセックスをしたことがない男性と、大勢の女性と寝たことがある男性がいたとしましょう。大勢の女性と寝たことがある男性は、「彼女はそれほど素晴らしくない」とか「素晴らしい」とか言うことができます。ところが、今回が初体験となる男性のほうは、どう判断していいのか分からない。イ

ソーシャルメディア上では
「すべての人が
自分より幸せ」と
考えるバイアスがある

ンターネットを見たら、いろいろ書かれている。自分の基準を持っていないから、インターネットの基準を使わざるを得ない。そして、インターネットの基準は……。

富永　基準ではない、と。

ダン　基準ではない。**ソーシャルメディアは偽の世界観です**。我々の生活に対する我々の基準がどんどん虚構になり、どんどんプラス側にバイアスがかかっていく世界に移行するにつれ、人はソーシャルメディアの基準に頼る度合いを減らし、現実の基準にもっと頼る必要があります。

富永　現実に即した基準ですね。

ダン　そうです。私にはもうすぐ17歳になる息子がいます。私としては、子供たちが性行為の基準をポルノから得る未来について心配しています。
例えば、男女の性的な関係に関する知識の99％をポルノから得た人に何が起きるか。彼らは何を期待するでしょうか。彼らの満足度はどうか。そんなに良いわけがありません。期待しているものがポルノのようなものだとすれば、本当に惨めな人生になるでしょう。なぜなら、「あれが基準なのに、なぜ自分には起きないのか」と言う羽目になるからです。

一方で、経験があって、インターネットの基準を同じ程度見ていない人がいたとすれば、満足する能力がはるかに高いでしょう。インターネットの世界が我々にどんどんいろんな標準を見せてくる中、それに関心を向けるのをやめ、自分自身の経験をもっと高めていく必要がある。

もし20年前であれば、私も「初めてデートした相手と結婚するのもそれほど悪いことではない」と言ったと思います。今では全くそう思えません。自分の基準があまりにも膨れ上がるからです。自分自身の基準を自分でつくる必要があります。

フェイスブックで過ごす時間が増えると、友達が笑っている写真をたくさん見ることになります。ポルノをたくさん見ると、見ても無視すればいい、というわけにはいきません。ただ、何に時間を費やすかは自分で決められます。要するに、**どんな基準を持つか、自分で選ぶということです。**

自分たちの基準を変えるもう1つの方法は、大好きな人たちともっと正直でオープンな議論をすることです。

どんな基準を持つか、
自分で選ぶ

フェイスブックに、あなたが配偶者とケンカしているとか、あまりセックスしていないとか、そんなことは書きませんよね。実際に親友と会って話し、自分の秘密を打ち明けたら、たぶん相手も秘密を打ち明けてくれるでしょう。私たちは、インターネット上で大勢の人に話しかけるような派手な対話から、もっと親密な対話へと移行する必要があります。

これは、女性のほうが男性よりもずっと得意なことの1つです。女性は実際、男性よりもずっと、自分の生活の本質的な詳細について話をします。

男同士が集まるとスポーツや天気、それから多少政治の話はしますが、自分の結婚生活の問題や性的な機能不全について話したりはしません。ただ、そのような対話に移行することは、とても健全なこと。なぜかと言えば、そうでないと、「視界」が悪くなるからです。

最も親しい友人を10人思い浮かべて、ある晩、ビールやウイスキーを飲みながら、自分の人間関係の本当の問題について話し合うことを想像してみてください。その夜は全員に、自分が期待できることについて、それまでとは大きく異なる基準が与えられるはずです。ソーシャルメディアを見る機会を減らし、現実的な見方をもっと高いレベルに引き上げていくことが大事です。それから、人はもっと個人的な経験を重ねる必要があると思います。

富永　例えばどんな？

ダン　もっと多くの人とデートする、といった経験です。

自分が変わることを許容し、パートナーと一緒に旅する努力をすべし

富永　独身の女性や男性にとって、とても良い実際的なアドバイスになると思います。では、同じように10人の女性と付き合っても、幸せな男性と不幸な男性がいますね。その点をどう考えますか。

ダン　私が思うに、幸せな男性は「自分は10人全員の中から正しい選択をした」と思っている男性。不幸な男性は自分が不幸な選択をしたと考え、「もし違う選択をしていたら」と考え続ける男性です。これは「反事実的思考」と呼ばれるものです。ここで実際的なアドバイスをするとしたら、「**人生とは、自分がそれをどう生かすかだ**」という考え方だと思います。

先に2つの均衡の話をしましたね。私自身はとても楽観的な人間で、どんな関係をとってみても、努力してもっと良い関係にできると思っています。もう1つは、「11番目の恋人を作り、どうすれば最高の相手にできるか」と考えることです。これも重要です。人生は旅なんです。

実は私、最近離婚しました。数カ月前のことです。結婚生活は20年で、20年前は2人とも、全く違う人間だった。最初に出会ったときは2人とも博士課程の学生で、それから20年経ったら50歳になり、別人のように違う人間になっていました。

パートナーから得るものとは「旅をする」ということです。**自分のことを完成した人間だと考え、ひたすら自分の旅を続けていけば、パートナーとの距離はどんどん離れていきます。**自分が大きく変わると思ったら、問題は10年後になって「7番目の彼女だったら、どうだったろう」などと言わないように、どうすれば2人で一緒に変われるか、ということです。ところで、あなたはこの10年で、自分がどれくらい変わったと思いますか。

富永　すごく変わったと思います。

ダン　「この10年でどれくらい変わりましたか」と人に聞くと、たいてい、「すごく変わった」という答えが返ってきます。

ところが、**「今後10年でどれくらい変わると思いますか」と聞くと、「あまり変わらない」という答えが返ってくる。**私たちは、すでにある地点まで到達していると考えるわけです。「ああ、もう52歳になった。42歳だったときは、今とは全然違った。なんてことだ」と。今後10年を考えると、10年後に今と同じであることは想像もできませんが。でも人はこう考えます。「今の私が私だ。変わったけれど、これが私で、これからも変わらない。もしかしたら、少しは変わるけれど……」と。

富永　実際にどうなるかと言えば、かなり変わるかもしれない。

ダン　現実には、52歳から62歳は、42歳から52歳と同じくらい違うかもしれないんです。これは直感するのがとても難しい。過去を振り返り、「おお、全然違う」と言うけれど、将来を見ると、「これが私だ」と言う。私たちは、この自己の継続性を信じ、少しだけ変わるだろうと考える。**人間関係における難しい問題の1つは、「一緒になっても、一緒に旅をする努力をしようとしないこと」**だと思います。

「役割の分担」が夫婦関係を壊す

ダン　夫婦関係について、もっと悪いことを1つお話ししましょう。これは私の結婚にも当てはまることです。夫婦のような関係、近代的な関係では、役割を分担する強い動機を持ちます。「お金の心配は私がするから、子供の心配はあなたがしてくれ。基本的に、私がお皿を洗うから、あなたはごみ捨てをしてくれ」といったことです。仕事を割り振るんです。いろいろなことをこなすには非常に効率的な方法ですが、工場のようです。共同生産するわけです。とても効率的ですが、これが2人を引き離してしまうんです。

富永　分担は良いことではない、という意味ですか。

ダン　良いことではありません。ジョン・リンチの研究があります。その研究では、カップルが一緒になるとき、誰がお金の管理をするかを片方が決めることが分かりました。必ずではないけれど、男性がお金の管理をする。すると、その人はお金を管理するのがどんどん得意になり、もう片方はそれがどんどん不得手になっていくんです。私自身の関係について振り返ると、効率性を目的として、デューク大学の教授で素晴らしい人だったにもかかわらず、妻のほうが子供の責任を負い、私のほうがあちこちに出張しました。

私のほうが出張して、妻が子供に専門特化することは、私たち家族にとっては合理的でした。さて、その時点では効率的でしたが、時計の針を5年進めると、妻は私をスーパーに送り出し、何らかの誕生日パーティーのために買ってくるものの厳密なリストを渡してくるようになります。これについては、妻はものすごい量の知識を持っている。クラスにピーナッツアレルギーの子供が1人いることを知っているし、ベジタリアンが2人いることも知っている。こうしたことをすべて知っているわけです。

妻は必要なものの些細なニュアンスを説明せず、私がやるべき厳密なリストを渡してくる。私が買い物へ行き、リストにある1つの商品を見つけられず、私にしてみれば同じと思える商品に変えると、妻は怒るんです。自分が知識をたくさん持っていて相手が持っておらず、時間もなければ、基本的に怒鳴りながら指示を出すことになります。

富永　それが、役割分担の結果だ、ということですか。

ダン　その通り。難しいことです。こうなると私には解決策がありません。大事なのは、自分たちが変わることを認識する必要があるということ。そして、**一緒に変わる必要がある**。もしカップルが別々に変わっていくと、本当にひどい事態になるからです。それから、短期的にはとても心をそそられる専門特化は、2人をただ別々の軌道に乗せてしまうために、長期的には悲惨な結果になりかねないことを理解する必要があります。

富永　10年前のあなたの行動はどんなものでしたか。同じアプローチですか、それとも違うアプローチでしたか。

ダン　間違いなく今とは違います。もし過去にさかのぼることができたら……。10年前の私に「10年後のあなたは今と変わっていると思いますか」と質問してもらったら、いいかもしれませんね。
私としては、元妻と一緒になったとき、人生がどんなふうになるか全く考えてもいなかったことは認めざるを得ません。将来どんなチャンスがあるか、といったことが分からなかった。人生の旅がどんなふうになるか、もしあらかじめ分かっていたら、私は全く違う決断を下していたでしょう。

富永　そうしていたら、もっと幸せだったと思いますか。

ダン　そう思います。親の世代のことを考えてみましょうか。まず、劇的に変わったことの1つについてお話ししましょう。私の親の世代は本当に9時から17時まで働いていた。正確には、8時から16時まで、あるいは8時から17時までかもしれません。決まった労働時間があって、何かが始まって、何かが終わる。学校はそのライフスタイルに驚くほどぴったり合うんです。一定の時間に始め、一定の時間に終える。子供が学校に行き、子供が帰ってくる。私が思うに、学校というものは、仕事に行く必要のある親のための託児施設として発達した面が大きいのではないでしょうか。それが過去に起きたことです。

今は、人生はもっと面白くなりました。結婚していた頃、私はリオデジャネイロのような素晴らしい場所へ行きました。朝に現地に到着し、午後に講演をして、夜に飛行機に乗って帰ってくる。

やるべき仕事があって、家に帰ってきて、子供の宿題を見る。現実は、すなわち近代的な生活と職場は、驚くほどの柔軟性を与えることができるんです。子供を持つのが間違いだと考えているわけじゃありませんが、人生の軌道が大きく異なってきます。これほど多くの場所に暮らす機会がある人は、違う形で家族の生活を考え直す必要があると思います。

関係が壊れたときこそ、「セックスで修復」

ダン　人間関係について話す価値があるもう1つのことは、セックスの役割についてです。多くの場合、何が起きるかと言えば、関係が悪化し始めると、性欲が失せていく。ケンカをして、相手のことが少し好きでなくなると、性欲が失せる。けれど、実は、セックスにはとても大きな修復力があるんです。人間と一番近い親戚の一種は、ボノボです。ボノボはご存じですか。

富永　類人猿ですね。

ダン　ボノボが何をするかというと、関係にストレスが生じると、セックスする。ボノボは1日何十回もセックスができるそうです。

富永 パートナーとですか？ それとも、別の相手とですか。

ダン 相手は誰でもいいんです。あまり気にしない。ストレスが生じると、ちょっとセックスする。すると、双方が落ち着くんです。

あなたと私がパートナーだったと想像してみてください。互いに相手が少し好きでなくなると、距離を置き、セックスをしない。でも実は、セックスはオキシトシンが関係していて、これは愛情を示す方法なんです。**セックスには関係を修復する何かがある。**

「私は傷ついたと感じたときにはセックスを避け、相手を拒絶する」というのはとてもネガティブな本能であり、本当に滑りやすい坂道です。

カップルにとっては、セックスをどう使うかという非常に興味深い問題だと思います。相手に対する罰としてセックスをしないのではなく、関係の修復機能としてセックスを利用する。簡単なことではありません。これは難しいアドバイスです。なぜなら、その時点では、あなたは拒絶されたと感じていて、相手を拒絶したいからです。それが人間の本能ですが、どうにかしてその本能を乗り越えることが、ものすごく重要だと思います。

富永　それが関係を取り戻す完璧な方法だということですか。

ダン　そうです。そして、これはとても深い深層心理でもあります。人間にはオキシトシンという名前のホルモンがある。オキシトシンは、主に女性が出すホルモン……。

富永　愛情ホルモンのことですか。

ダン　まさに、その通りです。時折、「愛の分子」と呼ばれることもあります。女性は授乳期とセックスの最中などにオキシトシンを分泌する。そしてセックスをし、その後抱きしめ合うと、両方がオキシトシンを分泌するんです。奇妙なものですよね。私たちを結び付けているものは非常にデリケートなバランスですが、時折、私たちのプライドは……。

富永　私たちを分断してしまう？

ダン　そうです。そして、一体なぜ発達したのかと不思議に思う衝動があります。例えば、かゆみのようなものです。かゆいときにやる最悪のことは、「かく」ことです。正しい対応は触らないことなので、これはとにかく状況を悪化させる衝動です。相手とケンカしたときも同じことです。正しい衝動は、ボノボのようにセックスすることですが、どういうわけか、私たちはセックスから遠のく。とても非生産的な衝動です。これが関係についての話です。

ダン・アリエリーの
「幸せ観」

第 3 章

質問
03

幸福には「2つのタイプ」がある

やりたいことを「合理性」の下でやらないのは幸せと言えるか。合理性の背後にあるのは、より長い寿命、将来への備え、金銭的富の増幅、社会関係の保持などだと思われるが、それらを重視することが本当に幸せと言えるのか。

ダン 幸福と合理性ですね。まず少し、「幸福とは何か」について考えるところから始めましょう。

私は、2つのタイプの幸福があると思います。ここでは、「幸福タイプ1」と「幸福タイプ2」と呼びましょう。タイプ1は「ラクな幸福」です。海辺に座って、モヒートを飲む。これが私たちがよく考えるような幸福です。

一方、別のタイプの幸福もあります。それは**「意味」と結び付いていて、一**

見、その行為には幸福がないようなタイプのものです。「マラソンを走る」「山に登る」といった経験について考えてみてください。マラソンを走っている人を見ても、誰も笑っていませんね。

富永　ひたすら辛そうで、最後に「ああ、やっと終わった」という感情が来る。それにもかかわらず、マラソンは私たちにものすごい満足感、達成感、過去との結び付き、仲間意識といったものを与えてくれます。人生において、やりがいのあることをすべて考えてみると、笑いの瞬間がある行為はごくわずかです。マラソンにはランナーズハイのような瞬間的幸福もありますが、実現が難しいプロジェクトや巨大迷路などはそれにあたりますね。

ダン　本を書く、事業を始める、子供を持つ。こうした経験は、大部分において笑って過ごす時間が少ないものです。大半の時間は複雑で難しく、労力が必要ですが、その経験から何かを得ます。とてつもなく重要で、私たちの存在の中核をなすこの何かを幸福タイプ2としましょう。タイプ1とは大きく異なるものです。最初に、この2つのタイプの幸福をはっきり分けておきたいと思います。

富永メモ
01

幸福のタイプ1とタイプ2について

ダンが指摘している幸福の種類は、以下のように整理されるのではないかと思います。

タイプ1　睡眠欲、食欲、性欲など人間の根源的な欲求が満たされることによる幸せ。損得で考えたときに、得が増大する幸せ

タイプ2　他者と関係を築くことによる幸せ。困難なことを達成する幸せ

タイプ1の幸せは行動と幸せの実感が直結しており、スイッチを押せば時差なく幸せが実感される回路のようなものです。それに対してタイプ2の幸せを獲得するためには、1つの行動だけで足りることは通常なく、行動を連続して行っている間はそれ自体が負荷となり、ポジティブな感覚とはなりません。しかし連綿と続けた行動がマラソンのゴールやチームワークの結実のような形になると、大きな幸せが実感されるわけです。

楽しくなくても「やりがいのある幸福」のほうが重要

ダン　アメリカ独立宣言には、「人間には幸福を追求する権利がある」と書かれています。ここで念頭に置かれているのは、タイプ1の瞬間的な幸福ではない。本当の問題は、タイプ2の幸福を追求する権利を持つ、ということ。こちらのほうが重要だと思います。

最近、私はがん専門医のグループと一緒に仕事をしました。「がん患者にどうやって希望を与えるか」と問うているがん専門医たちです。

「希望を与える」というのは「がんが治る」ということではなく、「前向きに生きる」という意味です。がんと診断されて、毎日死ぬかもしれないと思いながら生き、病気が生活のすべてを規定するかのように暮らすのは前向きな人生ではありません。

問題は、どうやって前向きで充実した形で生きるか、ということ。**研究で分かったのは、「3つのもの」が必要だということでした。**まず、「達成可能な目標」です。無理な目標ではないけれど、達成するのが簡単すぎてもいけない。2つ目は、そのゴールまで行く「道筋」を知っている必要がある。それから、「エージェンシー」が必要です。

富永　エージェンシーとは、どういう意味ですか。

ダン　そうした目標に向かって主体的に動く力のことです。**ゴールがあり、ゴールにたどり着く道筋があり、自分の主体性がなければならない。**あなたは第1章で「自己コントロール性」という言葉を使いましたが、ここではエージェンシーと呼びましょう。

医師たちは、驚くようなことをしています。例えば、どうしても博士号を取得したがっている患者の話をしてくれました。すでに博士課程に入っていて、やり遂げられるかどうかはっきり分からなかったけれど、彼女にとっては博士号を取得することが重要でした。

そこで医師たちは彼女と相談しながら、何とか博士号を取得できるような投薬計画を立てました。「その目標を達成してほしい。あなたにとって、その目標が重要だから、必ずゴールに到達できるようにしましょう」と言って、彼女の希望を尊重しながら治療に取り組んだのです。

また、親友の娘さんの結婚式でダンスをしたいという別の女性がいて、医師たちはその計画を立てました。「結婚式の後まで、この手術をずらしましょう」と言って、これに従って治療の計画を立てたんです。意味や目標、達成感と関係したこの「幸福タイプ2」は、ものすごく重要だと思います。

個人的な話をしましょう。入院中の私の生活は、私の人生そのものの考え方を著しく規定しました。それを念頭に置いて聞いてほしいのですが、やはり大やけどを負った少年がいて、私は病室にお見舞いに行ったんです。病院を訪ね、2時間ほど話しました。すると最後の頃になって、看護師が入ってきて、今日は新しい治療を施さなければならないと言ったんです。その治療の内容も憶えています。

少年が治療を明日に延ばせないか聞くと、看護師はダメだと言う。数時間遅らせないかと聞くと、ダメだと言う。「なら、僕の体の一部にだけやって、ほかのところはやらなくてもいいか」と聞いた。それでも看護師はダメだと言う。

とにかく、少年は看護師と必死に交渉しましたが、答えは「ノー、ノー、ノー、ノー」だった。2人がこの交渉を繰り返している間、私自身が入院していて、医療スタッフと交渉し、同じようにうまくいかなかったときのことがフラッシュバックのように襲ってきたんです。

少年と2人で病室にいて、それまでやる気と希望に満ちていたのに、看護師と少年の話し合いが始まると、急に不安になり、脱力感を覚えた。部屋の端へ行って椅子に座り、2人が話し合っている傍らで、膝に頭をやり、何とか息を吸おうとしていた。なぜなら、あのとき初めて、自分が患者としていかに無力だったかを思い知らされたからです。

その時点までは痛みや治療について考えていたのに、突如、このフラッシュバックに襲われ、困難なのは自分の力が及ばないことだということに気づかされたんです。

自分が患者になったときに起きることの1つは、とにかく何についても発言権がないことです。起きる時間、受けるべき血液検査を、誰か別の人が決めるのです。そういった環境下で担保されるべき主体性が、最低限のエージェンシーなのではないかと思います。英語で患者を指す「patient」は、辛抱強いことを意味する「patient」と同じつづりですが、日本語ではどうですか。患者という言葉はどういう意味ですか。

富永 日本語では、病気にかかっている人、治療を受けている人という意味です。面白いですね、1つの言葉に2つの意味がある。

ダン 日本語でも片方には、受動的な意味がありますか。自分に何かがなされているけれど、自分にはどうにもできないような。とにかく、そのタイプ2が最も重要な幸福だと私は思います。

「自分の効用関数に他人を組み込む」と幸せになれる

ダン さて、ここで合理性の問題に話を戻しましょう。原則としては、合理性はどちらかと言えばタイプ1の幸福と関係しているように思えるでしょう。**経済学の標準的な理論には、「意味」のようなものが存在しないからです。**経済学の標準理論では、瞬間的な幸福を最大化することが目的になります。それがゴールであるはずです。意味がある何かではない。

しかし、瞬間的な幸福についてさえ、我々は何が自分を幸せにするかを判断するのが得意ではないと思います。なぜなら、もし人間が完璧に合理的であれば、どんなものが自分を幸せにするか分かっているはずだからです。例えば、人はものをたくさん買いすぎる一方、経験には十分にお金を払わないことが分かっています。他人に十分与えないこと、友人と十分な時間を過ごさないことは分かっている。瞬間的な幸福を最大化しないような、あらゆることを人間は行うのです。

一方で、タイプ2の幸福は、完全に不合理ですが、良い意味で不合理です。もしかしたら、この点を強調することに価値があるかもしれませんね。私たちは時折、合理的＝良いことと同一視しますが、合理性が常に良いとは限らない。愛は不合理ですが、愛のない世界をつくりたいとは思いません。詩も芸術もすべて、ある意味では不合理です。**人間の寛大さは不合理です。**完全に合理的なら、もう二度と会うつもりのないウェイターには、チップをあげるべきではありません。もちろん実際には、合理性は我々人間の動機のごく一部しか捉えていません。我々は非合理的な動機をたくさん持っています。そ

人間の寛大さは不合理

して大事なのは、こうした非合理な動機が素晴らしいものだ、ということです。私たちはただ、こうした動機を良い形で結び付ける必要がある。

例えば300年前に畑を持っていたとして、何人かの人に畑仕事を手伝ってもらっていたとします。必ずしもとても面白い仕事ではない。ただ、やる必要がある作業です。

一方、現代の職場について考えてみてください。もし今、一緒に働いている人がいたとすれば、ここには幸福タイプ2を経験するチャンスがあります。意義や達成感を感じることができる。チームワークや進歩など、あらゆる感覚を得られるでしょう。

世界が次第に面白くなるにつれ、そして、知識経済（知識を基盤とした経済）がこの世界に占める割合が高まっていくにつれて、突如、タイプ2の幸福に入るあらゆることを私たちの日常に持ち込むチャンスが生まれました。タイプ2の幸福は、ものすごく不合理を表しているけれど、良い意味で不合理だと思います。私たちの課題は、それを理解して日々の生活に加えていくことです。

例えば、**不健康な食べ物を食べるのは、健康的な食べ物を食べるより楽しい**ですよね。不健康な食べ物よりも楽しめるヘルシーフードがありますか。ほとんどない。では、ここで、タイプ2の幸福を利用できるのではないでしょうか。健康的な食べ物に、もっと意味を持たせることができないか。もっと充実感を持たせることができないか。もっと大きな達成感を感じるようにできないか。あるいは、運動はどうでしょう。どうしたら、エクササイズをもっと魅力的なものにできるか。そういったことです。タイプ2の幸福を理解して、タイプ2で働いている動機を、人に達成してほしいことと合体させようとする必要があると思います。

富永　「意味」の意味について研究されましたか。つまり、意味には特別の意味があって、意味はとても人間的に思えます。自制する、頑張る、辛抱する、落ち着きを感じるといったものです。私の言いたいことは、我々が人間として、なぜこのような意味や物語を組み立てるのか。何かそれを説明するアイデアがありますか。これは、すごく大きな疑問だと思うんです。

ダン　私の憶測ですが、私たちは本質的に社会的な動物です。人間とほかの動物の違いについて考えてみたら、その違いとは、私たちの社会的な性質なんです。

富永メモ

02

『意味』の意味について

「意味」はこのインタビューを貫く重要なキーワードになっています。ジョージ・クルーニーのスウェットや、BEworksのマグカップ、といった事例では、意味とは一般的なスウェットとジョージ・クルーニーのそれを区別する、あるいは普通のマグカップとBEworksのそれを区別する差異である、という文脈で語られていました。それに対して本章では、「行動を続けた結果として得られた、達成感や他者との関係などの状態」という中身を指し示すために使われています。

日本語の「意味」も英語の「mean」も、このように複層的な意味を指し示し、しかしながらそれはどれも、幸せや存在理由といった我々の根幹に関わっているようです。

何が起きるかというと、**私たちは他人という社会的存在を取り上げ、経済学で言うところの自分の「効用関数」に組み込むんです。**そして、これが進化論的にとても重要になる。

例えば、200人から成る社会に暮らしているとしましょう。合理的な社会を思い浮かべてみてください。費用と効果だけに基づいて動きます。すべての活動について、私はここから何を得られるか、何を失うかと考える。これをやったら私は捕まるか、それともご褒美がもらえるか。これが何を意味するかと言えば、あなたは周辺の環境を見て、絶えず「自分は人から見られているときだけ良いことをし、絶対に誰にも見られていなければ悪いことをする」と考えている。合理的な社会で起きるのは、そういうことです。

私はあなたに、常に誰かに捕まるのではないかと不安に思ってほしくないし、ほかの人に感謝されるために行動してほしくない。私が望むのは、あなたが彼らの効用を自分の効用関数に組み込み、それに従って行動することです。通りを歩いていてゴミを見つけたら、「ほかの人が嫌がるだろうから、私が拾っておこう」と言ってもらいたい。意味というのは、そこからくるんだと思います。

つまり、**意味というものは他人の効用を良い意味で自分自身の効用に組み込むことから生じます。**一部は遺伝的なものかもしれませんし、一部は学ぶものかもしれない。両方が少しずつあるんでしょう。それが人間の進化の歴史の一部、私たちの能力の一部だけれど、とにかく意味はそこからくるんだと思います。とても奇妙な形でもやるんですよ。例えば、人は自分が死んだ後に起きることを気にかける。それは、どういう意味でしょうか。

自分の死後に存在し続ける建物に寄付する人がいます。自分はもうこの世にいないし、その建物を楽しめるわけがない。ところが、人は自分が死んだ後に、ほかの人にどう思われるかを気にするんです。

私は、人生でひどいことをしたことの償いをしようとして遺言書を書いた人に何人か取材したことがあります。なぜ、まだ生きている間にやらないんでしょうか。私たち人間には、継続性の感覚があるからです。ほかの人にどう思われるか、社会にどう思われるかという意識がある。こうしたタイプのことがすべて、文化的にも進化論的にも私たちに埋め込まれていて、これは本当に良いメカニズムだと思います。

他人を自分の効用関数に組み込んだ瞬間に、人に見られているかどうかは関係なくなります。突如、あなたの判断は「これは社会のためになる」というものになる。人に見られていても、見られていなくても、関係ないんです。今現在の私たちはおそらく、多少そのような感じで、身勝手でありながら、それだけではないのだと思います。

深夜の赤信号でも渡らないのが人間

富永　例えば、時間は深夜の午前2時、そして信号が赤だったと想像してみてください。周囲を見渡してもクルマは1台も見当たらない。**それでも赤信号を渡ることにためらいを覚えるとすれば、それはあなたが費用対効果の分析によって説明されないような形で法律を尊重している、ということです。**私たちをとても深い意味で人間らしくしている要素の1つは、他人の効用を自分の効用関数に組み込む能力だと私は思います。

それが人間性の一部だと思いますか。あるいは、私たちが生まれた後に学ぶことでしょうか。

ダン　これが進化なのかどうか、生まれつき備わっているものか、それとも文化的なもので、私たちが学ぶものか、ということですね。両方だと思います。私が思うには、私たちは他人を思いやるという非常に基本的な能力を持って生まれ、社会はこの能力を高められるし、逆に低くすることもできる。

富永　過激派組織「イスラム国」（ＩＳ）がやったことを見ると、人が信じられないと感じるし、あんなにひどいことをするには、ＩＳにどんな動機があったのかと考えてしまう。ＩＳの戦闘員にも、この人間の良い性質があるはずなのに。

ダン　共感を抱くというこの能力について言えることは、私たちは必ずしも、すべての人に共感を抱かないということです。

思いやりはあります。例えば、ヒツジを想像してみてください。ヒツジは自分のことを気にかけ、自分の子供のことも多少気にかける。人間として、私たちは自分の共同体を思いやることができると思います。しかし、悲しいかな、人類全体を思いやることはできない。自分の共同体と、そうでない共同体との境界線は、時々すごくはっきりしています。

また、私たちの愛情と効用はただ大きくならないだけでなく、憎悪になり、不効用になることもある。内戦や紛争時のルワンダやスーダンのダルフールを例に取ると、あるいはＩＳを例に取ると、戦っている相手の人間性の否定が多々あります。

ルワンダでは、相手をゴキブリと呼んだ。「我々は人間で、あいつらは違う」という考え方があるんです。ドイツのナチスを見ても、相手の人間性を否定しようとしました。悲しいことに、**私たちには、一部の人を取り出し、自分の共同体から切り離し、人間らしくない存在と見なす傾向があるんです。**そして人を分断して人間性が低い存在として扱うと、私たちは相手を思いやる能力を失っていく。

富永　もし「Ｗｅ（私たち）」という言葉が辞書や私たちの頭から消えたらどうでしょう。「私たち」という概念がなくなったら、どうなりますか。そうなると境界線がなくなるかもしれないし、「私たち」とは世界のすべての人を意味するようになるかもしれません。私は「私たち」という概念が多くのことの源泉となっていて、境界線というものも、「私たち」の概念から生まれると思うことがあるんです。

ダン　あなたがおっしゃっていることは、社会学でとても一般的なことを指しているんじゃないかと思います。つまり、私たちの原則の多くには、プラスとマイナスがあるということです。**「私たち」の境界線を定めることには一定の恩恵があります。私たちは、「私たち」の一部である人たちをほかの人より大切に思うからです。**

富永　ほかの人より関心を持つために、そうなる。

ダン　その通りです。昔の実験に、こういうものがありました。子供たちのグループがあり、半分の子に青いシャツ、もう半分の子に赤いシャツをあげる。5分たつと、青いシャツを着た子供は青いシャツを着た子、赤いシャツを着た子は赤いシャツを着た子のほうが好きになるんです。それは良いことですが、やはり5分たつと、違う色のシャツの子を嫌うようにもなるんです。これは、プラスとマイナスの両方がある概念だと思います。例えばチームワーク。「私たち」がなければ、チームワークはありません。

覚えてらっしゃるか分かりませんが、私は以前、「不正直」についてある実験をしたことがあります。実験で分かったことの1つは、**人は自分と親しい人のために嘘をつく可能性が高いことでした。**なぜか。親しい人のことを大切に思っているからです。昔からある「ねえ、あなた、私があのドレスを着たら似合う?」という質問をご存じですよね。

富永 ええ、知っています。

ダン 相手がどうでもいい人であれば、「全然似合わない」と言うかもしれません。けれど、どんな気持ちになるかが気になる相手であれば、本当のことを言わないかもしれない。「あまり似合わない」とか。

職場の同僚や家族などを「私たち」と意識する能力、「私たちvs彼ら」という考えは、グループ内においては恩恵があり、グループ外にとってはコストが生じるんだと思います。今の世界を見渡し、私が共同体主義政治と考えるものを探すと、それは米国のトランプ大統領からロシアのプーチン大統領まで、さらにはメキシコ、ブラジルまで至るところで見つかり、これが人々を分裂させています。

これが「私たちvs彼ら」という考えで、ほとんど兄弟ゲンカみたいなもので

人は自分と親しい人のために嘘をつく

す。これが負の側面だと思いますが、確かに人間には両方の能力がある。「私たち」に入っている人への愛情が増す一方で、境界線の外にいる人たちへの憎しみを強める能力も持っているんです。

富永　良い意味で「私たち」のコンセプトを使うことが、より良くなるカギになりますね。

ダン　ええ、その通りです。

富永メモ 03

ここで語られる「私たち」の意味について

ここで語られる「私たち」の意味に関連し、筆者が以前参加した研修のエピソードを紹介します。それは20人ほどの受講者に対して講師が1人いる、リーダーシップ育成を目的としたものでした。まる2日間の内容は、退屈しないようにゲームなどの体験型コンテンツがほどよく織り込まれており、受講者は楽しみながら学んでいました。その研修のある場面で、20人を無作為にＡＢ2班に分けた上でこんな指示が講師から出されました。「これからゲームを行う。目標はなるべく高いスコアを取ること」。研修室の黒板に、ＡＢ別で数回のゲームスコアを記録して合計を書く、野球の点数表のようなツールが貼られ、ゲームがスタート。この環境下で、ＡＢ各班は相手より高いスコアを取るべく工夫し、結果的に私が属していたＡ班が若干Ｂ班を上回りました。

ゲーム後、講師が放った一言は、私には衝撃的でした。「誰もＡＢで争えとは言っていないのに、なぜ競争したんですか？　このゲームはＡＢが協調するのが、最も高いスコアが取れるはずです」。ここで参加者は、無作為に編成された集団でも、それがひとまとまりのチームだと定義されると結束することと、そして、同じく無作為に編成された別の集団を敵とみなしてしまうことを思い知らされました。人間は組織の壁や国境を境に良くも悪くも「私たち」の感覚を抱くのです。

幸せを希求するために、人間のその性質を理解し、常に自覚しながら行動し、無用な対立を避け、必要な結束を高めるのがリーダーのみならず、すべての人が持つべき態度なのではないでしょうか。

質問

04

音楽や芸術、文学などに触れ合うとき、私たちは必ずその作品の評判や意味、批評といったものに影響され、自由に楽しむことができない。自由に芸術を楽しみ、喜ぶための方法はあるか。

ダン　これは我々人間が多くの形で「意味を消費」し、「意味というものは良いこともあれば悪いこともある」という話に立ち返る問題です。

例えば、あるアーティストを思い浮かべてみてください。その人の音楽を聴いて、その人が薬物乱用で逮捕されたとか、そういったことを考えずにいられますか。これを音楽と切り離すのは、とても難しい。

すべてのケースで、**私たちは良かれあしかれ、実際の消費と一緒に意味も消費します**。そうせずにはいられないんです。問題は、良いものをもっと消費し、悪いものはあまり消費しないようにすることができるか。

（第1章で紹介した）心理学者のポール・ブルームがこういう話をしています。

彼は、美術品コレクターだったナチス党員の男の物語を描写しています。連合軍が男を逮捕した。この男はありとあらゆる有名絵画を持っていた。そこで、男に絵を売ったオランダ人の画商が逮捕された。反逆罪で起訴された画商は「あれは自分で描いた贋作だ」と自白したのです。その作品が贋作だと伝えられると、男はびっくり仰天した。

絵は見ることしかできないんだから、本物だろうと贋作だろうと、気にする必要はないと考えることもできます。しかし実際には、私たちはすごく気にします。あのナチス党員も絵画が贋作かどうかを気にした。**意味というのは「超越的」です。人は皆、迷信を信じるというのが1つの考え方です。**

これについては、ポール・ロジンがとても興味深い研究を行っています。例えば、私があなたにチョコレートを2粒あげたとしましょう。1つは見た目が普通のチョコレートで、もう1つはうんちの形をしたチョコレートです。あなたは、うんちに見えるチョコレートを食べますか。難しいですよね。これが100%チョコレートで、もう1つのチョコと何も違わないことが分かっていても、嫌悪感を覚えます。

うんちに見える
チョコレートを
食べられる？

また、人にダーツを投げさせて、得点に応じてお金を払う実験もやりました。あるときは標的を愛する人の写真にして、ダーツの矢を真ん中に当てれば報酬がもらえる。別のときは、愛する人の写真を嫌いな人の写真に差し替えました。自分が愛する人の写真にダーツを投げるのはとても難しく、嫌いな人の写真に投げるのはとても簡単です。あなたは自分の子供の写真をデジタルコピーし、それを紙に印刷したものを燃やされたら、どんな気持ちになりますか。

富永　ひどい気持ちになるでしょうね。

ダン　そうですよね。デジタルコピーがあるのに、やはり写真を燃やす気にはなりません。どういうことかと言えば、意味が付きまとうということです。もう必要ないからといって子供の写真を焼却するのは……。

富永　本物の子供を焼くようなものだと。

ダン　とても嫌な気持ちになります。ブードゥー教をご存じですか。人形があって、刺して呪いをかけるものです。私たちは皆、少しそんなことを信じる。**良くも悪くも意味がものに乗り移ると考えるんです。**ここで、私たちにできることがあると思うんです。私たちが傷つくところはどこかと問うこともできますが、もっとやれるところはどこかと問うこともできます。「**意味は体験を強める**」からです。

私が勤めるデューク大学の研究センターには、センターのペンがあります。ごく普通のペンで、ロゴが付いているんですが、誰か新しい人が入ってきたときに、ペンを1本あげるちょっとした儀式をするんです。その人にこう言います。「あなたはこれが普通のペンだと思っていますよね。でも違うんです。どんな色がいいか、私たちが考えたペンです。適当に選んだわけではなく、これがセンターの人間にとって理想的なペンだと決めたものです。だから、あなたに差し上げたい」と。

富永　使ったら、普通のペンなんですよね。

ダン　そうです。けれど、ものの背後の意味を強めるために、いろんなことができます。そして、**意味を強めると、価値も高くなる**んです。

富永　意味が芸術のコンテンツそのものと結び付いていることは分かりましたし、私たち人間としては、その2つを切り離すのが難しいことも分かりました。しかし、それは不可能なのでしょうか。これはクリエーターや作曲家にとって、とても衝撃的なことです。音楽といった作品の評価が、意味や物語と切り離せないわけですから。芸術家の力が及ばない、ということですよね。

ダン　その通りです。もしあなたが芸術作品を売っていて、作品を中立的に見てほしいのであれば、身を潜めて、自分について何も明かさないようにすべきです。そうでなければ、人は作品を中立的に見ることができないからです。私は一度、俳優をインタビューしたことがあります。彼は、セレブ雑誌にはとにかく反対だと話してくれました。なぜなら、「**セレブ雑誌のせいで俳優が俳優になれないからだ**」と言うんです。人は俳優について何かを知っていたら、新しい役を演じる真っ白なキャンバスとして見ることができないからです。そう言ったのは、マーロン・ブランドでした。

富永　あの映画『ゴッドファーザー』の？

ダン　そうです。マーロン・ブランドははっきり言いました。俳優というのは、俳優自身が芸術の形式です。「俳優はインタビューを受けるのをやめる必要がある」と彼ははっきり言った。彼は雑誌のインタビューを少ししか受けたことがなく、それで本当に良かったと。そうでなければ、俳優がさまざまな役を演じるのを先入観なしで見ることができないからです。

ある映画で特定の俳優を見たら、別の映画に出た際に見方が違ってきますが、普段の生活でどんな人かは知らなかった。ところが最近では、例えば誰もがブラッド・ピットについて何か知っています。また、何かの役で強烈に覚えていたら、別の役を演じるのを見るのがとても難しくなります。

実生活で悪人で、スクリーン上でもずっと悪役を演じるのであれば、何も問題はありません。けれど、実生活では悪人で、何か違う役を演じようとしたら、人に理解してもらえません。どんな形の芸術であっても、人に知られている限り、製作者にとって不可能なことです。

例えば、セクハラ被害の声を上げる最近の「#MeToo」運動について考えてみてください。セクハラで糾弾されたルイ・C・Kは素晴らしいコメディアンですが、一風変わった性的な好みがあります。人は明らかに、この2つの要素を切り離すことができません。私生活で犯した罪のせいで、ハリウッドの映画界や音楽界から何人の人が追放されたか、考えてみてください。

富永　では、意味がなかったとして、アートが社会や消費者に受け入れられる可能性があると思いますか。

ダン　受け入れられる可能性はあると思いますが、もし意味の源泉があるとしたら、それを無視することはできないと思います。例えば、自然には、大きな文脈もなく誰もが堪能できる美しさがあると思うんです。桜の花のようなもの、富士山や虹について考えてみると、誰もが文脈なしで美を堪能できるものがあると思います。また、人は努力を称賛することもできると思います。

富永　私の直感では、何をしようとも、意味がなくては評価されるのが難しいように思えます。

ダン　大半のものは、意味がないと難しいでしょうね。ところで、絵画作品に対して人が払うお金は絵画のサイズに比例することをご存じですか。大きな絵には高い値段が付き、小さな絵にはそれなりの値段が付く。ほとんど1メートル四方で払う値段が決まるみたいです。

富永　確かに面白いですね。

ダン　なぜなら、**人間には「努力に値段を付ける」という、生まれながらの本能があるからです。**

富永　大きな絵には値打ちがあるということですか。

ダン　絵が大きければ、その分、努力も大きかったということ。創作に時間がかかったから、絵が大きいということです。これについては、20世紀の米国の画家、ジャクソン・ポロックの作品が最も有名な例でしょう。とてつもなく大きな絵画がとてつもなく高い値段で売れるんです。ここで何が起きているかというと、「この絵がどれほど大きいか見てみろ、この絵のためにどれほどの努力がつぎ込まれたか」ということではないでしょうか。

そして、これがものの意味に表れるんです。私たちの人生においてはたいてい物語を持たないことは難しく、意味の物語はどうしても私たちの価値評価に影響を与えると思います。

富永　クリエーターに対する助言は、作品の中身や自身の主張と結び付いた良い意味を生み出せ、ということですか。さもないと、多大な努力はただの努力として評価されると。

ダン　2つのことが言えると思います。1つは、芸術作品について言えば、**意味に直接働きかけるほど、良い作品になる**ということ。2つ目は、**作品を創作する個**

人としてのあなたの物語と、作品そのものの物語は、意味を生み出す物語の一部になることを理解しなければならないということです。

例えば、私が恋愛関係でひどい別れを経験した直後に、ある本の1章を書いたとあなたに話したとしましょう。それで研究成果が発表された。私は本に別れのことを書かなかったとしても、この研究がひどい感情的な別れの後に出たことをあなたは知っているから、そういう目で研究を見るんです。もし私がひどい人間だったり、不道徳だったりしたら、それも影響します。人の意味の影響があり、創作行為そのものの意味の影響があり、さらに、創作行為そのものとそれ独自の意味がある。こうしたことはすべて重要です。不道徳な芸術家がいたとして、私たちがその不道徳な行為について知ったとしたら、すごく大きな悪影響が生じるでしょうね。

意味に直接働きかけるほど、良い作品になる

富永メモ 04

「意味」の意味の拡張について

この章の文脈においては「意味」の意味として、「ある人やものが有している属性の全体、その一部、または属性全体と部分の関係」といった考え方が提示されています。これはジョージ・クルーニーのスウェットで語られた「意味は差異である」という考え方の拡張であると考えられます。人やものは、非常に多くの人やものと経験的に、そのそれぞれにおいて別の尺度で比較されます。したがって、ある人やものが持っている差異を一つ一つ記述していくと、多様な対象と個別の比較を行った集合になります。つまり、人やものの個性やオリジナリティーは相対的な属性差が大量に集まり、その組み合わせの希少さがもたらしているものであると言え、個が持つ「意味」は無限の比較の合計である、と言えるかもしれません。

「どれだけ差異があるか」という視点を逆から見れば、「どれだけ共通性があるのか」ということですから、この考え方において、うんち型のチョコレートは、その形状・色などからうんちとの共通性が意味として指し示され、うんちと相似形の意味をまといます。また、子供や嫌いな人の写真のエピソードからは、このように差異や同質性が、個人の中に経験的に蓄積された結果、好き嫌いのような態度が形成されることがうかがえます。

より良い作品作りのために皆さまのご意見を参考にさせていただいております。ご協力よろしくお願いします。（ご記入いただいた感想を、匿名で本書の宣伝等に使わせていただくことがあります）

A. あなたの年齢・性別・職業を教えて下さい。
年齢（　　　）歳　　性別　男・女　　職業（　　　　　　　　）

B. 本書を最初に知ったのは
1. テレビを見て（番組名　　　　　　　　）
2. 新聞・雑誌の広告を見て（新聞・雑誌名　　　　　　　　）
3. 新聞・雑誌の紹介記事を見て（新聞・雑誌名　　　　　　　　）
4. 書店で見て　5. 人にすすめられて　6. インターネット・SNSを見て
7. その他（　　　　　　　　）

C. お買い求めになった動機は（いくつでも可）
1. 内容が良さそうだったから　2. タイトルが良かったから　3. 表紙が良かったから
4. 著者が好きだから　5. 帯の内容にひかれて
6. その他（　　　　　　　　）

D. 本書の内容は
1. わかりやすかった　2. ややわかりやすかった　3. やや難しかった　4. 難しかった

E. 本書に対するご意見・ご感想、ご要望などありましたらお聞かせください。

ご協力ありがとうございました。

郵 便 は が き

料金受取人払

葛西局承認

8137

差出有効期間
2020年12月31日
まで（切手不要）

134-8740

日本郵便株式会社
葛西郵便局 私書箱20号
日経BP読者サービスセンター
『「幸せ」をつかむ戦略』係 行

ご住所	〒□□□-□□□□ □自宅 □勤務先（いずれかに☑印を） （フリガナ） TEL（ ） —	
お名前	姓（フリガナ）	名（フリガナ）
Eメールアドレス		
お勤め先	（フリガナ） TEL（ ） —	
所属部課名	（フリガナ）	

※ご記入いただいた住所やE-mailアドレスなどに、DMやアンケートの送付、事務連絡を行う場合があります。
このほか「個人情報取得に関するご説明」（https://www.nikkeibp.co.jp/p8.html）をお読みいただき、ご同意のうえ、ご記入ください。

「辛《つら》さ」を幸せに変える

第4章

自分の力が及ぶことと及ばないことを区別せよ

質問

05

渋滞や満員電車はコントロールが利かない典型的な状況だが、社会生活上避けられない。これらから少しでもオートノミーを感じ、不幸せを軽減する方法はないか。

質問

06

育児中の親は子供が中心となるためにオートノミーが制限され、育児を通して本来実感すべき喜びや幸せを感じられていないように思われる。これを補正し、育児の幸せをより実感する方法はないか。

ダン　次の質問は、**自分の力があまり及ばない状況で、人はどう振る舞うべきか、**ということですね。患者であることについてはもう話しましたが、自分の子供の人生にあまり力が及ばない親や、自分の力があまり及ばない交通渋滞の例もあります。こうしたケースでは、患者も親も渋滞も、**自分の力が及ぶことと、及ばないことを区別する必要がある**と思います。

大半のケースでは、結果をコントロールできません。渋滞では、私が職場に到着する時間は私の力が及ばない。私の子供の成功は私の力が及ばないし、私の健康も完全には私の管理下にない。こうしたケースすべてにおいて、「多くの変数」があります。

富永　ここでは交通渋滞と子育ては異なった構造のケースですか。

ダン　すべてのケースに変数があり、ノイズがあります。良いことをたくさんやっても悪い結果になることがあり、悪いことをたくさんやっても良い結果になることもある。ノイズがあるということです。すべてのケースで、結果のごく一部について自分でコントロールすることができますが、大半は力が及ばないことです。

通勤について言えば、時間通りに家を出ることも出ないこともできる。電車で

自分の力が及ぶことと、及ばないことを区別せよ

読むものを持っていくことも持っていかないこともできる。自分にできることは多少あるけれど、到着時間はおおむね渋滞と大きく関係してきます。子供について言えば、良い親になることも、さほど良い親にならないこともできる。一緒に宿題をする時間を長くすることも短くすることもできる。夜に本を読んであげることも、読んであげないこともできる。ただ、子供に起きることの大部分は、親とは何の関係もない。子供の友達や学校、生物学に大きく左右されるんです。

患者の場合は、やれることが少しありますが、多くは自分の手に負えないことです。障害がある、やけどをした、いろんなことがあります。すると基本的に、生活のすべてにおいて、自分がコントロールできる部分と、できない部分が出てきます。自分の力が及ばない部分のほうが大きくなるとき、そこが心配しなければならないところです。ここでアドバイスするのであれば、大事なのは**自分の力が及ぶことだけに集中し、それだけを心配すること**です。

私はヒンズー教の「カルマ」という概念がすごく気に入っています。ヒンズー教のカルマの概念は、因果の法則です。良い人生を送るために自分でできることをすると、その人に良いことが起きる可能性がかなりある、という考えです。これは確実性の話ではなく、正しい行いをするたびに、良いことが自分に起きる確率を少しだけ高めるということです。

世の中には無秩序な感じがありますが、自分にできることはそれだけです。これはどういう意味でしょうか。

「結果」ではなく、「過程」に報いるべし

ダン　通勤する場合、もし計画した時間に家を出たら、やりたかったことをしたのだから、自分に1点ポイントを与えるべきだということです。駅まで計画した速さで歩いていけば、自分に1点与えるべきです。自分がやっていることについて考え、結果については考えないことです。なぜなら、結果にはランダムな要素があるからです。子供の場合、夜に本を読んでやったら、親として自信を持つべきです。親の力が及ばないことはたくさんあります。

では、ここで子供について少し話しましょうか。心理学者のキャロル・ドゥ

エックは、「マインドセット」と呼ばれる非常に重要な研究を行いました。あなたの子供がちゃんと勉強していたけれど、たまたま勉強しなかった3つのことが試験に出たので、点数が悪かったとしましょう。この場合、子供にご褒美を与えるべきか、それとも罰を与えるべきか。どう思いますか。

富永　褒美を与えるんでしょうか。

ダン　そうですね。では、子供が全く勉強せず、たまたま知っている3つのことが試験に出て、満点を取ったとしましょう。この場合、ご褒美と罰と、どちらを与えるべきでしょうか。

富永　罰するべきですね。

ダン　その通りです。考え方としては、長期的に見れば、良い行いには良い結果が伴い、悪い行いには悪い結果が伴うということです。個々の場面では、結果はランダムかもしれません。ランダムな要素が小さいときもあれば大きいときもある。

私たちがすべきことは、個人の力が及ぶ範囲で良い行いにご褒美を与え、個人の力の及ぶ範囲の悪い行いを罰することです。試験は簡単なときもあれば難しいときもあります。これは子供がコントロールできないことです。子供が一生懸命勉強したら、「よくやったね、自分の力が及ぶことをきちんとやった」と言ってやるべきなんです。

富永 子供の話からはそれますが、一般的に企業には成果だけで従業員を評価する文化があります。

ダン それは、ひどい過ちです。

富永 もっと良いアプローチがありますか。

ダン **「結果」ではなく、「過程」に報いること**です。そのほうが難しいことは難しいんです。例えば、私が新しいホテルの最高の立地を探す責任を負ったとしましょう。日本地図をじっくり見て調べ、ある場所にホテルを建設することを決めた。その後に大震災が起き、すべての投資がパーになった。この場合、私は従業員として、正しい決断を下したでしょうか、それともまずい決断を下したでしょうか。

富永 正しかったんですよね。

ダン 正しい判断だった可能性があります。私はすべての変数を検討した。日本地図全体を見て、特定の土地を見つけたんです。

富永　震災は予想できなかった。

ダン　その通りです。この場合は、従業員に「あなたは正しいプロセスを経た、すべての要素を考慮した」と言ってやるべきです。時折、悪いことは予想外に起きる。でも、もし正しい手続きを経たのなら、報いるべきなんです。

問題は、プロセスを評価するのが難しいことです。だから私たちは結果を評価するという安直なことをしますが、これは正しいことではない。私たちはできる限り、プロセスを重視し、結果はさほど重視しないようにする必要があります。

私が研究室で、それをどうやっているかお話ししましょう。私の研究室にはスタッフが45人います。私たちは研究をしている。さて、私はどうやってスタッフに報いるべきでしょうか。

興味深い成果を出すこと、あるいは実験の準備をすることに報いるべきでしょうか。もちろん、正しい手順で実験の準備をすれば、ちゃんと仕事をしたことになります。実験の結果はさまざまで、私たちの予想通りの結果になることもあれば、予想外の結果になることもある。予想外の結果から私たちは何かを学ぶかもしれないし、さらに不可解になるばかりのケースもある。何が起きているのか、実験前よりさらに分からなくなることだってあります。

研究室では、正しいプロセスを経たら、その人はとても良い仕事をしたんです。私としては、プロセスではなく結果に報いるようなことはしたくない。ちなみに、これは人に不正直になるインセンティブも与えるんですよ。

富永　どういう意味ですか。

ダン　例えば私が銀行員だとして、もっと多くの人に口座を開設してほしいとしましょう。もし結果に報いて新規の口座開設数で人を評価したら、顧客の知らないうちに勝手に口座をたくさん開設してしまうような事態に陥るかもしれません。

一方で、コンサルタントに相談に行くとか、もっと口座を開設したいかどうか聞くために顧客の元を訪れるといったプロセスに報いたら、悪事を働く動機を与えることにはなりません。

富永　あなたの研究室では、あなたがすべての権限を持っているから、プロセスをあなたが評価することも可能ですね。もっと大きな企業へのアドバイスはありますか。

ダン　一般論として、企業は懸命に従業員を掌握しようとしています。そのためのコントロールというのは、私たちには命令や指示の集まりのように見えますが、実はそれは私たちがよく理解していない習性を伴っています。

例えば、私は四半期目標や年次目標が好きではありません。なぜか。四半期目標を立てるように言えば、人が立ててくるのは、恐らく達成できる程度の低い目標だからです。3カ月でさえ、かなり長い時間です。私は、人にあらゆる方法で最善を尽くしてほしいと思っています。そうすれば、何かが出てくるかもしれない。四半期目標がないほうがいいと思います。

繰り返しになりますが、大事なのはプロセスであって、結果ではありません。けれど、どうしても目標を立てなければならないのであれば、**私なら「100%の確率で達成できると思う目標を立ててほしい」と言います。それから「50%の確率で達成できると思う目標も立ててほしい」と言う。**25%の確率でしか達成できない目標よりは、50%の確率で達成できる目標のほうがいい。なぜか。

少なくとも何らかの目標は書いてほしいし、たとえ達成できなくても、目指せるものの基準になるからです。

もう1つ、私たちは人に自己評価するよう求めませんが、人は賢くて、批判的で、仕事をしたがっていると思います。

私たちはよく「目標を立てろ、達成できなければ……」というふうに従業員をコントロールしようとしますが、私は**「向こう3カ月であなたは何を達成したいですか。自分が何を達成したいかを教えてほしい」と聞くシステムのほうがずっといい**と思います。それで3カ月たったら、「やりたかったことを達成できましたか」と聞く。達成できたかどうかは本人が一番よく分かっています。達成できなかったら、そこで私は「何が妨げになりましたか」と聞くわけです。

シンプルな例を取って、セールスパーソンについて考えてみてください。セールスパーソンに目標を与える際は「今年は100万ドル売ってほしい」と言うこともできる。あるいは、**「良い成果とはどういうものか、話してほしい。ただし、自分でコントロールできることだけにしてほしい」**と聞くアプローチもあります。

良い成果とはどういうものか、
話してほしい。
ただし、自分でコントロール
できることだけにしてほしい

営業というものは、コントロールできる部分もあり、できない部分もあります。例えば、あるセールスパーソンは「既存の顧客20人の元を3回訪問し、新規顧客とは少なくとも10回は会う」と言うでしょう。あるいは、「既存顧客の少なくとも半分にセミナーに来てもらう」と言うかもしれない。けれど基本的には、本人の力が及ぶ範囲の目標を立てることになります。「時間を費やし、訪問し、電話をかけ、メールを送る」といった具合です。

そして次の面談の際には、「目標は達成できましたか」と聞いて、「いえ、達成できませんでした」「何が目標達成の妨げになりましたか」という話ができる。あなたは「時間が足りなかった」「アシスタントがいなかったから」などと言うことができるでしょうが、何が妨げになったか話し合える。それから営業成績も見て、「効率を高めて、営業成績も上げるには、次の3カ月は何をしたいか、あなたが管理できる形で目標を定めよう」と言うことができます。

これについて、また別のモデルも提示しましょう。自分が糖尿病を患っていると想像してみてください。

糖尿病の判断基準に「ヘモグロビンA1c」という数値があり、この数値を改善するためには、食事と運動とインスリンを管理する必要があります。さて、私はあなたに「あなたは最善を尽くしてください。私がヘモグロビンA1cを測り、数値が低下するたびにご褒美として1000ドル払いましょう」と言うこともできる。

けれど、このやり方は、運動や睡眠、食事、インスリンの管理方法についてあなたが専門家だということを前提にしています。実際には、これについて専門家になるのはとても難しく、ノイズも多い。では、その代わり、どうすればいいか。

「運動について、睡眠について、食事、インスリンについて、個々にご褒美をあげましょう」と言います。自然にも作用があるから、そちらは別途心配しましょう。なぜなら、正しいことを十分な時間やったら、結果は良くなるからです。ここでは、個々の患者が何が最善のアプローチかを知っていることは想定しません。

結果に対してだけ見返りを与える弊害

ダン　もう1つ、過程を重視すべき理由があります。
契約には「完備契約」と「不完備契約」があります。完備契約は、あなたにやってもらいたいことがはっきり分かっていて、やってほしいことを正確に伝え、その見返りにお金を払える状況です。ただ、現実はそうなっていない。ほぼすべての仕事で、職務内容に入らないことが多々あります。これが不完備契約です。
例えば、病院の清掃スタッフがいたとしましょう。ある日、病室に入っていき、患者が泣いていたら、このスタッフは作業をやめて、「どうしましたか」と尋ねるべきでしょうか。

富永　そうすべきだと思います。

ダン　職務内容には記載されていないけれど、そうすべきですね。では、病院で迷子になっている人を見かけたら、立ち止まって、どうしたのか聞くべきでしょうか。

富永　もちろん、聞くべきです。

ダン　そうですよね。これも職務内容には書かれていません。**一部の結果に対して見返りを与えると、ほかのことを取り除くことにもなる**んです。

富永　それは興味深いですね。すべてのタスクをいちいち定義したら、何が起きるか。顧客に挨拶することもやめるんでしょうか。

ダン　まさに、その通りです。

富永　同じことですね。

ダン　ここで最初に話したことは、「結果vsプロセス」でした。2点目が「契約の限界」です。教師を思い浮かべてみてください。平均的な教師に対し、平均的な生徒を相手にどうすればいいか指示することはできますが、子供はさまざまで、教師もさまざまです。「平均的な教師として平均的な生徒に対して正しいことをすれば、それに対して見返りを与えましょう」と言うことはできます。けれど、ある教師は特定の子供にアピールするかもしれないし、若干異なるスキルを持った教師もいるかもしれない。あるいは、子供がちょっと変わっているかもしれない。非常に硬直的な採点ルールを作ってしまうと、多様性を考慮に入れ損ねます。あることについては、ほかの人より長けた人がいるという事実を考慮に入れなくなる。自分の仕事について考えてみてください。

私は大学の教授です。正式には、教授は全員、論文を書き、教鞭をとらなければなりません。私の生活はとても面白い展開を見せ、今ではほかにも、私が大学のためにできることがあります。ほかの人にはできないことができ、私がやる別のことは、それほど価値がないかもしれない。では、大学は私に「ダメです、あなたにはまだ、この3つの委員会に入って、この3つのクラスを教えてもらいたい」と言うべきでしょうか。恐らく、違うでしょうね。

富永　もちろん、違いますね。

ダン　ええ、もちろん、違います。人はさまざまな経験、情熱の対象、スキルを持っていて、そこは理解されています。私たちがすべきことは、そうした情熱やスキルが組織の目的に沿うようにすることです。ところが、厳格な道筋を指示し始めた瞬間に、その多くを失ってしまうんです。

例えば大学が私に向かって、毎年この3つの委員会に入り、この3つのクラスを教えなければならないと言ったら、多分、私はやるでしょう。しかし、間違いなく、私にとっても大学にとっても良いことではありません。

契約は人の行動や利益を定義し、相手を兵士のようにならせて、同じことをさせようとする。ここには少し難しい問題があります。不完備契約という考え方をすると、人に自主性と信頼を与える。これは統制が好きな人にとってはその力を多少失うことになりますし、人は自分をだますと考えたら、人に自分をだます機会を与えることになります。けれど、全体的には、これが本当に優れたアプローチだと思います。

官僚主義の本質は「信頼の欠如」

ダン　最後にお話ししたいことがあります。政府でも企業でも、多くの場合、生産性曲線の低い尻尾の部分についてひどく心配します。それで「人にだまされたくない。人がお金をもらっておいて、正しい仕事をしないのは困る」と言う。怠

惰な嘘つきが生産ラインで怠けるのを防ぐ手順はたくさんありますが、実はそうした手順は本当に優れた人材が活躍することも防いでしまうんです。

官僚主義について考えてみてください。官僚主義の本質とは何か。それは「信頼の欠如」です。

富永　信頼の欠如。確かにそうですね。

ダン　もしあなたが私の部下で、私があなたを全面的に信頼していたら、クレジットカードを渡して、「会社のために一番良いことをしてくれ」と言うでしょうね。あなたを信用しなければ、「3ドル以上の経費はすべて報告書を書き、どこそこへ一緒に行った人の写真を撮ってこなければならない」と言うでしょう。この手続きは時間がかかるだけです。つまり官僚主義がやっていること、言っていることは、「絶対にズルをしてほしくない、そのためならこの制度全体のコストは払ってもいい」ということです。

一方で、信頼は本当に重要です。あなたが私の部下なら、私が信用していることを感じてもらうためにお金を渡します。なぜなら、あなたが私に信用されていないと感じたら、どれだけやる気になりますか。

例えば、私は研究室の人間に「みんな研究室のお金を使うクレジットカードを持っていますね。これが私たちのお金だということを覚えておいてください」と言います。「お願いします、私の唯一のルールは、これを自分のお金のように扱ってほしい、ということだけです。もしあなたが『自腹でも、これにお金を使った』と言えるのであれば、それでいい」。

逆の考え方で、「経費は1日25ドルまでしか使ってはならない」と言うこともできます。けれど、**信頼の欠如はモチベーションの代償を伴う**と思うんです。問題は、この代償が目に見えないことです。誰かが私たちを裏切ったときには、それがはっきり見えて、止めなければならないと思う。けれど実際には、官僚主義は知らず知らずのうちに組織全体が好成績を上げる能力を減退させてしまっているんです。

富永　多くの経営者や制度設計に関わる人があなたの言葉を聞くべきですね。

ダン　個人的な経験についてお話ししましょう。この点で、私にとって、とても重要だったエピソードです。

私は一般的に言って、人を信用する人間です。あるとき、私と一緒に動画プロジェクトをやりたいと言ってきた人がいて、後で彼女が嘘をついていたことが分かった。とにかく、お金がいくらかかるプロジェクトかという契約内容について、彼女は嘘をついたんです。あらゆることについて嘘をついていたから、私は一緒に仕事をするのをやめた。誰かを信用して一緒に働き、挙げ句に嘘をつかれたことに気づくのは、ひどく嫌な気持ちでした。金銭的にも高くつきました。

そこで考えたんです。私がそこでする一番簡単なことは、「もう二度と誰も信じない。これからは契約がすべてだ。すべて話してくれ、すべて文書を見せてくれ」と言うことだった。でも、考え直したんです。**裏切られたケースはすごくインパクトが大きいけれども、自分はそれまでの長い間、人を信用することから多大な恩恵を受けてきたじゃないか、**と。

日常的に目にする恩恵ではないけれど、確かに存在する。大学の人たちとの関係や、一緒に仕事をしているスタートアップ企業との関係について考え始めたんです。ものすごく多くのことが「信頼」に基づいています。一緒に仕事をしているあるスタートアップ企業があって、私は自分の持ち株がどれくらいかも知らないのですが、ただ彼らのことを信じているんです。だまされたり、裏切られたりしたケースははっきり目に見えます。そのとき、本能的に最初に思うのは、「もう二度とこんな目に遭いたくないから、絶対にこんなことが起きないような対策を取る」ということでしょう。けれど、そういうときに失う恩恵は見えないんです。なぜなら、人が活躍するのは互恵関係にあると感じるとき、信頼されていると感じ、自主性を感じるときです。もし私が人に絶対にだまされないようにしようとしたら、そうした要素をすべて奪ってしまうことになるんです。相手に向かって「私はあなたを信用しない。仕事に使える時間をあなたからもらう。仕事に対する意欲も少しもらう」と言うことになる。バランスを取るのが難しい問題です。過度にルールベースになる企業、規則に縛られる企業が多すぎると思います。

富永　官僚主義ベースですね。

ダン　はい。なぜなら、悪いことが起きる確率を下げたいがために官僚主義に走りますが、それに伴って善意も奪ってしまうんです。

富永　官僚主義の経営の上に成り立っている経営者が大勢いると思います。

ダン　相手を信頼するのは、とても人間らしいことです。しかしながら、私たちがより法的な社会、訴訟好きで、あちこちに弁護士がからんでくる社会に移行していくにつれ、どんどんそうしたシステムに移行していくことになるんです。

渋滞対策を行動経済学的に考えると

富永　渋滞の話に戻るんですが、ディズニーランドのファストパスをご存じですか。

ダン　ええ、知っています。

富永　ファストパスはすごく賢明な仕組みです。
例えば、私が10時に「スペース・マウンテン」へ行くと、18時に来るよう言われるから、それまで8時間、ほかのアトラクションを楽しめるんです。スペース・マウンテンに乗るのを待つ時間は10時から18時までの8時間ですが、そんなふうに感じない。「待った」という感覚を持つのは多分、18時から15分くらいです。これは我慢して待つ気持ちを軽減する賢明なシステムだと思います。
交通渋滞や混雑した電車などに、このようなアイデアを使えないものでしょうか。

ダン　その違いは、**能動的な待ち時間と受動的な待ち時間の違い**ですね。スペース・マウンテンに乗るのを待っているといっても、その間、ほかのこともしているわけです。ほかに何もすることがなければ腹も立ちますが、ほかのことができる。一方、現代社会の渋滞や混雑は、とにかく人を苦しめている。人はみじめな気持ちで、すべてが悲惨です。

私たちがやり始めなければならないことは、「フレキシブルな働き方にすること」だと思います。スペース・マウンテンのたとえで言うなら、事前に時間が分かるということです。スペース・マウンテンの場合はダイナミックですが、東京のような規模の都市では、それほどダイナミックでなくてもいい。電車が混雑する時間帯が分かっていますから。仕事の日をもっとフレキシブルにする必要があると思います。

フレキシブルな仕事日とは何か。時には、従業員の10％を対象に、「今日は自宅で働くように」と言ったり、一部の社員を対象に、「今日は普段より3時間遅く出社し、3時間遅く帰宅してほしい」と言ったりすることです。それをやらなければならない。輸送の需要の分布を平らにしなければなりません。ディズニーランドがやっているのが、それです。今は混んでいるから、18時に戻ってきて、と言う。従業員についても、同じことができると思います。

富永　同じことですね。

ダン　ただ、在宅勤務の問題の1つは、上司が時折、家にいたら社員が働かないと考えることです。そして現実はどうかと言えば、**人が家で働くことを信用しないせいで、人の時間を交通渋滞で無駄にしているんです**。すべての日本企業が社員に週1日、在宅勤務を認めたと想像してみてください。あるいは企業に、社員に週1日は家で働かせるように要請したと考えてみてください。生産性の低下はどれくらいになるでしょうか。

家にいる人は、会社にいる人と同じくらい生産的かもしれない。もしかしたら、生産性が少し低いかもしれないし、少し高いかもしれない。でも、もし地下鉄や道路から人を20％減らせば、ほかの人が全員、早く移動できるんです。

富永　不快感も減るかもしれませんね。

ダン　それも変わります。集団的な行動が必要なときには、これは良い方法です。企業1社がやれば、小さな恩恵が得られますが、全員がやれば、また別の恩恵があります。

ディズニーランドのたとえの別バージョンがあります。同じ地域に住んでいる人たちに地元のスターバックスに集まって2時間働いてもらうようにしたら……。

富永 家より設備が整っているから、大半の人はそのほうが幸せかもしれませんね。

ダン 現状がとにかくみじめすぎるからです。だから、こうしたことを絶対にやらなければなりません。

富永 ここトロントでもひどい交通渋滞を見ました。すべての企業がやりたがっていると思います。

ダン 実際、渋滞という点では、すべての大都市はひどいありさまです。今の密集度を想定して設計されていないからです。この問題は消えてなくなりません。道路や鉄道路線を増やすことはできますが、結局、行動も変える必要があります。

富永 2020年に五輪が東京で開催されます。ご存じでしたか。

ダン ええ、知っています。

富永　東京都は五輪期間中の渋滞について心配しています。そこで何を考えたか分かりますか。

ダン　東京に住む日本人をみんなスウェーデンでのバカンスに送り出すとか（笑）。

富永　あなたが東京都知事なら、そうかもしれません。でも、実際は高速道路の通行料金を引き上げるんです。ひどい考えだと思います。

ダン　「渋滞税」には問題があります。どんなものであれ、**渋滞税を導入するときには、人に別の選択肢があるかどうかを考えなければなりません**。別の選択肢があるなら、渋滞税という施策は人をそちらに移すことができます。別の選択肢がなければ、何が起きるか全く分かりません。
日本にはしばらく行っていませんが、私の記憶では、地下鉄はいつも満員でした。乗車率を2倍に増やせるわけではない。地下鉄が空っぽなら、渋滞税を導入したらいいでしょう。そうすれば、人は別の選択肢に移行できますから。けれど、別の選択肢の実現性が低いのであれば、渋滞税を導入して何が起きるか分かりません。
もう1つ、問題があります。渋滞税は逆累進性のある税金です。通勤が自由になる人が誰か、考えてみてください。企業のトップか、それとも底辺の人か。CEO（最高経営責任者）は定時より少し早く、または少し遅く会社を出ることを自分で決められます。清掃係はそれができません。この渋滞税は、意思決定が自由にならない人に偏って負担がのしかかる税金です。病院で働いている人を想像してみてください。仕事ははっきりしたシフト制です。さて、彼らは働く時間を変えられるでしょうか。無理ですよね。

どんな種類であっても、税金について考えるときには、人が別のことをできるか否か、別のことをできる人、できない人は誰か、ということを考える必要があります。その結果、別の行動を取ることができないことが分かれば、渋滞税を導入しても、ただ人からお金をもっと取るだけで、行動を変えられないことになります。行動を変えるのが容易な人が貧しい人ではなく裕福な人であれば、やはりこれは取るべき対策ではありません。

私たちはイスラエルである実験をしたことがあります。出かけずに家にいてもらうためにお金を払い、かなり成功しました。これは本当に興味深いシステムです。罰ではなく、プラスの見返りを人に与えることで、クルマを道路から減らせるか、ということです。生活を変えることができない人、特に貧しい人から2倍のお金を取るなんていうことはしたくありません。

ライドシェア（相乗り）についても実験しました。イスラエルの人、個々人を追跡し、住んでいる場所、出勤する時間、勤務地、帰宅時間を調べました。その上で、近くに住んでいて、勤務地が同じで、同じ時間に帰ってくる人がいるかどうか探したところ、多くの人にピッタリの相手が見つかったんです。

このシステムであれば、例えば、「知っていますか、2ブロック先に住んでいて、あなたと同じ勤務地にクルマで出勤する人がいることを」と言うことができます。私たちがやろうとしているもう1つのことは、企業を動かすことです。なぜなら企業は従業員がどこに住んでいるか知っているからです。大勢の人の家を回り、人を乗せて職場まで連れていくバスに企業が補助金を出す仕組みができないか考えているんです。もしこれができれば、道路を走るクルマがかなり減ります。道路からクルマを減らすことはものすごく重要で、これについては誰もが同意するでしょう。

問題は、誰にその負担を負わせるか、です。個人に負担を課して、「これがインセンティブです」と言うか。かなり難しいですね。では、「これが罰則です」とか「これがインセンティブです」と言って、企業に負担を課すか。あるいは、「もっと優れたものをつくれ」と言って政府に負担を課すか。この中で最悪なのは、個人に負担を課す策だと思います。

企業に負担を課す策はとても面白いと思います。なぜなら、企業は柔軟性が最も高いからです。企業なら、「始業時間を30分遅らせる」と決めればいい。あるいは、グーグルのような会社を思い浮かべてみてください。サンフランシスコで従業員のためにバスを運行しています。従業員はバスで働くこともできる。仕事をするには良い環境だからです。私としては、企業にアイデアと解決を求めるのが一番良いアプローチだと思います。

「企業と個人」の幸せな関係

質問

07

なぜ企業を人のように愛せるのか。企業と個人の幸せな関係とは？

富永　重要な部分は、人間と企業の関係がどうして人間同士の関係のようになり得るのか、ということです。すごく奇妙ですよね。

ダン　そうですね。まず、一部の人が特定の企業を本当に愛していることに疑いの余地はありません。ハーレーダビッドソンが格好の例です。ハーレーのタトゥーを入れている人もいるくらいです。私の住んでいるダーラムという街に「ブル・シティ・バーガー」というハンバーガー店があります。トイレに行くと、3種類のタトゥーが表示されていて、体にいずれかのタトゥーを入れたら、死ぬまでハンバーガーが23%割引になると書かれている。レストランのタトゥーを客に入れさせようとしているんです。

富永　そんなレストランが本当にあるんですね。

ダン　そうです。

企業と個人のとても強い関係が存在することは間違いありません。ただ、そのような企業はそう多くありません。例えば、大手スーパーのウォルマートで働いていたとして、一体どれくらいの人がウォルマートのタトゥーを入れる気になると思いますか？

富永　(笑) それは面白い質問ですね。とても珍しいでしょうが、多少はいるかもしれません。

ダン　アップルなら、もっといるでしょうね。そんなに一般的ではありませんが、確かに存在します。そのような企業が存在することは間違いない。その数が少ないことも間違いない。では、これは一体何なのでしょうか。

私たちが**「市場規範」**と**「社会規範」**と呼ぶものの違いはご存じですよね。市場規範では、私たちはお金のために何かをし、社会規範では、お互いを大事に思うから何かをする。

私がよく引き合いに出す例があります。家族の食事会に行き、食事の終わりに義理の母親に向かって「素晴らしいごちそうをありがとうございました。食事代として300ドル払います」と言うんです。これは恐ろしく失礼です。義理のお母さんは愛情や気遣い、思いやり、長期的な感情から、あなたのために料理をしてくれた。それなのに、あなたはお金を払うと言ったんですから。

さて、企業との関係の場合、お金の話になれば、これは報酬の関係です。「あなたはこれをやってくれたから、私はこれをしましょう」ということで、そこで関係が終わります。とても機能的です。一方、社会的な関係では、人は長期的にお互いを大事にし、目先のやり取りを超越した長期的な恩恵があります。それが得意な企業が、そのような忠誠心を獲得できる企業です。

企業が人のように愛されるには

そのためには、何が必要になるでしょうか。**個々の取引以降も相手を大事に思っていることを相手に示す必要があります。相手の利益のために、自分が何かを失う覚悟を持つ必要がある。**

例えば大学です。日本のことはよく分かりませんが、米国では、どこの大学へ行ったかによって人物評価が大きく決まります。大学教授として言えることで

相手の利益のために、
自分が何かを失う
覚悟を持つ

すが、私は卒業生と話をすることがよくあります。こうした人は、すでに大学を卒業して、学費を払い終えた人たちです。もう二度と大学にお金を払いませんが、問題はそれではない。私たちは家族であり、一緒にいる、ということです。彼らは私の成功を喜び、私は彼らの成功を喜ぶ。私は彼らを手助けするために、自分の時間と労力を使うことをいといません。

富永 なぜでしょう?

ダン これは帰属意識、長期性と関係するインセンティブの一部です。例えばアップルは、ただ人が求めているものを与えているだけではなく、私が欲しがるもの、持っていないものを予想できるように見えます。スティーブ・ジョブズについて考えてみましょう。**彼は「あなたが感心するようなものを与えるために私たちはものすごく懸命に働いた。しかも、それほど高い値段は取りません」という感覚を人に与えることにかけて、驚くような才能を持っていました。**彼ならそう言ったでしょうが、この描き方は「あなたは自分が必要なものを自分で考える時間がないだろうから、私たちが代わりにやります」というニュアンスになっている。そのアプローチが肝《きも》なんです。

富永　iPhoneほど感心を覚えないプロダクトとして、例えばアップルウオッチはどうですか。アップルウオッチに満足していなかったり、自分が満足しないことが分かっていたりしても、多くの人が買いますよね。

ダン　それが社会規範です。社会規範の一部は、人が「私たちは長期を見据えてここにいる。たとえアップルウオッチのシリーズ4がそれほど良くなかったとしても、それは構わない。シリーズ10までやってほしいから、それでもお金を払う」と言うこと。これが長期的な見方です。短期的な見方、報酬の考えでは、「これが良くなかったらもう買わない」と言うことになります。

もう1つの例が、ベータプログラムです。ベータ版のテスターになる人は、基本的に自分の仕事を危険にさらすことになります。何かが消去されてしまうかもしれないし、うまく機能しないかもしれない。そして、問題がないことについてレビューを書くのに時間を費やすことになります。アップルには、それこそ大勢のベータテスターがいます。なぜか。アップルは人に、「あなたのために一緒にものを作るのを手伝ってください」と言っているからです。

富永　考えてみれば、すごいことですね。

「自分のために何かをしてくれた」と思わせるアップル

ダン　そういう言い方をすると、突如、「私がこれを作ったから、さあ、買ってください」ではなくなる。「手伝ってください。私たちは皆、共通の目標のために一緒にいるのだから、参加してください」という話になるんです。

一般論で言えば、どんなベータテストプログラムも、「あなたにはベータテスターとして我々のためにタダで働いてもらう」と言うこともできますし、「私たちは一緒に何かを作ろうとしていて、あなたの助けが必要です。私たちは、あなたが自分にとって良いことをする手助けをしているんです」と言うこともできる。なぜベータテスターにならなければならないのか。「私は必ず、あなたにとって良いものにするから、あなたの意見が聞きたいんです」と言うわけです。

では、ほかの企業について考えてみましょう。これを生み出すために、企業に何ができるでしょうか。大事なのは、顧客に耳を傾けることです。ただし、目に見える形で聞かなければなりません。**本当に顧客に耳を傾けているけれど、聞いていることを誰も知らなかったら、役に立ちません。**

アマゾンが価格変更について行った実験を覚えていますか。何年か前のことですが、フロントページで価格変更について実験をしました。何をしたか。忠実な顧客向けの料金を、新しい顧客より高くしたんです。

これが優れた商慣行だということは誰もが知っています。昔からの顧客はいずれにせよ自分のお店で買ってくれるから、値段を下げない。新しい顧客には、どんどん買ってもらうために多少の割引をする。

ところが、利用者はアマゾンの価格変更を嫌い、すごく怒ったんです。なぜなら、アマゾンは私たちの規範の正反対のことをやったように思えたからです。私たちの規範とは、もし大事に思うのであれば、既存の顧客により良いサービスを提供することが思いやりだということ。大事に思う、社会規範に沿う、忠誠心を獲得するというのは、そういうことです。そうでなければ、すべてが損得勘定になり、誰もがお金のためにそこにいて、私からあと1ドル搾り取ろうとしているだけになります。

ところで、アマゾンは最近、会員制サービスの「アマゾンプライム」で必死に戦っています。毎年もっと、もっと多くのものを顧客に与えてくれる。「私たちは皆さんにもっと多くを与えられるから、さあどうぞ。もっと与えられるから、さあどうぞ」といった感じです。

ある年にアマゾンがやったことで、私がとても気に入ったことがありました。あれは郵便切手が値上がりした年でした。今では少なくなりましたが、当時はまだ切手があった。ちょっと不確かですが、切手の値段が22セントから23セントに上がったとしましょうか。アマゾンが何をしたか。顧客に1セント切手を10枚ずつ送ったんです。「皆さん、恐らく22セント切手を持っているでしょうから、1セント切手を10枚どうぞ。これを足して郵送できます」と言ったわけです。

アマゾンにかかったコストは、顧客1人当たりわずか10セントですが、これは「あなたのことを考えています」と顧客に伝える見事な対策でした。長期的なインセンティブがカギを握るんだと思います。私たちはあなたを大切に思い、あなたに関心を持っている。その見返りとして、あなたは私たちに関心を持っているということ。それも個々の取引を超越した関心です。

富永　まずお伺いしたいんですが、例えば大学だったら、愛しい感情が生まれるのは分かります。私も実際、4年間大学に通い、大学の一員だった。けれど、アップルについては、そのような経験がありませんよね。アップルは人間ではない。会社です。会社というのは無で、空気のようなものです。建物があって、中に大勢の人がいるけれど、実際には、何でもない。では、なぜ人間が何でもないものを愛せるのでしょうか。

ダン　「何でもない」ことは、無ではありません。アップルは私たちの生活を向上させていて、私たちの生活を向上させていると伝えてくる。消費の象徴的な意味については、お話ししましたよね。**アップルは見えない形で私たちの生活を向上させているだけでなく、はっきり目に見える形でも向上させています。そして、アップルのやることなすことが、彼らが自分のために働いているという感覚を与えてくれるんです。**

例えばアップルは、あなたのメールの根幹にあるのがグーグルのＧｍａｉｌであっても気にしません。アップルは目に見えるアップルメールになりたい。裏でＧｍａｉｌやグーグルカレンダーが動いていても構わないんです。なぜなら、功績を認められるのは誰か、目に見えるのは何かと考えたら、それはアップルだからです。

アップルがやろうとしていること、言おうとしていることは、「私たちはあなたのことを考えている。あなたの期待を超えるほど、あなたが慣れてしまわないような形で、あなたを喜ばせたい」ということです。あなたに、1日50回、アップルに「ありがとう」と言ってほしいんです。

メールを送信すると「シュッ」という音がして、立ち上げたときにはアップルのロゴが出てくる。アップルが音声アシスタント機能の「Ｓｉｒｉ（シリ）」を使ってもらいたがるのは、シリを使うときには、反対側に何かがあることがはっきり分かるからです。

自分で何かを書いたら、「自分がやった」と人は言いますよね。ところが、シリに話しかけたら、「アップルが自分のために何かをしてくれた」と言うでしょう。アップルは、自分たちが顧客のために働いているという感覚を持ってもらうために懸命になっている。実際、そうですよね。

私たちとしては、こう思うんです。**「反対側にいる誰かが私の体験について考え、私自身が望んでいることも知らなかったことをやってくれた。けれど今は、これがどれほど良いか分かった」と。これが長期的なインセンティブの感覚です。**

もし私が欲しいもののリストを渡して、あなたがそれだけをやってくれたら、「OK、ありがとう。これで終わり」という話になります。けれど、もし与えられたリストだけでなく、それ以上のことをしたら、「あなたが本当に求めていると思うものを用意しました。レンズが3つあるカメラ、この奥行きのものが欲しいはずです」と言うことになる。そうすると、相手は「自分がこれを欲しいとは全く思いもしなかった、私のことを考えてくれて、どうもありがとう」という気持ちになるんです。

アップルが本当に得意なことは、「アップルは長期を見据え、どんどん良くなる改善ステップをたどり、我々がいずれ欲しくなるものを与えてくれる」と思わせることです。商品がすべて完璧でなくてもいい。けれど、将来のために、何か素晴らしいものを私たちと一緒に作るために懸命に取り組んでいる。

相手が配偶者でも何でも、「忠誠心」とはそういうものです。私たちはずっと、ここに一緒にいる。例えば新しいｉＰｈｏｎｅがあれば、次があり、小さな改善ステップになる。そして私たちは一緒にこの旅をしていく、ということが分かっているんです。

富永　マーケターとしては、長期を見据えて思いやりを示すということに意味があるのは分かります。でも、それが企業に対する消費者の忠誠心が生成される必要十分条件なのでしょうか。

ダン　そうです。そして、ソフトウエアの世界のほうがハードウエアの世界よりもやりやすい。いろいろ変えることができるからです。ゲーム『アングリーバード』について考えてみてください。多くの人がおもちゃやステッカーを買う。アングリーバードにも、ユーザーに忠誠心を抱かせる天才的なものがある。その独創性のために、人はアングリーバードを気に入るのだと思います。

富永　力を与えてくれるということですか。

ダン　そうです。指を動かしたら、撃って……。

富永　モノをたくさん壊しながら（笑）。

ダン　壊すけれど、自分の指から得られる美しい、気持ちいい感触でもある。こんなことができる、こんな感触になり、こんなふうに飛ばせる、といった具合です。人は基本的に、アングリーバードが自分のためにやってくれることを喜び、次のバージョンも欲しくなる。ここには「私たちがお金を払い、彼らが次のバージョンを作ったら、みんなが恩恵を受ける」という感覚があるんです。

富永　「目に見える意味」が重要なファクターだということですか。

ダン　目に見える意味、継続的な改善、忠誠心です。もう1つ、例を挙げると、映画の『アベンジャーズ』シリーズです。人は多分、自分たちがもっと映画館に作品を見に行けば、映画会社がもっとこうした作品を製作できると考える。共同製作の概念があるんだと思います。あなたが消費者として映画館で映画をもっと見れば、会社がお金を得て、もっとたくさん作品を作れる。

富永　ハーレーの場合はどうですか。ハーレーの目に見える意味とは何でしょうか。

ダン　私が思うには、ハーレーは改善よりも「イデオロギー」にアピールする。例えばハーレーは、人を過去と結び付けています。

富永　今より強い時代ですね。

ダン　はい、その通りです。ハーレーの神髄は継続的な改善、「我々はこうして昔のバイクの音と結び付いている」という感覚、反抗心といったものにある。そこには、歴史的な結び付きがあります。

ドイツのポルシェについても同じことが言えます。例えばポルシェのブランドを取り上げ、全く見た目が違うクルマを作ったところを想像してみてください。うまくいくと思えません。**ポルシェの意味との結び付きを維持するためには、「911」のクラシックな形が必要なんだと思います。**ハーレーと同じように、意味と結び付いていなければならない。

企業の中には、ハーレーやポルシェのように意味と物語を大きく生かすところがあります。一方で、それよりは長期的な動機と改善を生かす企業もある。アップルの場合、10年前のアップル製品のような見た目のラップトップパソコンを欲しがる人はいないでしょう。ポルシェの場合、絶対的に50年前のクルマと似たポルシェが欲しい。この2つは大きく異なる道筋だと思います。ところで、先ほどのタトゥーの話に戻れば、自分の体にポルシェのタトゥーを入れる人はいるでしょうね。ポルシェには、すごく高い忠誠心があると思います。

富永 ポルシェのタトゥーですか。クレイジーですよね。それは要するに……。

ダン そう、ほかとは違う、という意味です。例えば、ソニーはどうでしょう。私はソニーが大好きです。けれど、誰もソニーのタトゥーを入れるとは思いません。少なくとも米国では、ソニーはそれほど過去を表していません。日本ではもしかしたら象徴しているかもしれませんが、未来に向けたパートナーシップを表しているとは思えない。

富永 タトゥーは、良い認識経路になるということですか。

ダン そうです。

富永 次の質問に移りましょうか。シンプルな質問です。

従業員の幸せな報酬には「公正さ」が重要

質問
08
幸せな「報酬」のあり方とは？

ダン　より幸福になるかどうかは、私には分かりません。幸福の複数の定義については話しましたね。私はあるデータベースを持っています（詳しくは第6章参照）。2006年から2018年までのデータで、企業約800社を対象に従業員の処遇の80項目を調べたデータベースです。ここで基本的にやろうとしたことは、従業員の処遇方法の中で、企業が株式市場で最も成功するようにする要素は何かを見つけることでした。

富永　従業員の処遇と株式市場の関係ですね。

ダン　従業員がどう処遇されていると感じるか、ということです。例えば、「給料」

はそれほど重要でないことが分かりました。給料を増やしても、企業の業績は向上しません。一方、「給料の公正さ」はとても重要でした。

富永 公正さは確かにとても重要ですね。

ダン ええ、その通りです。本当に重要なことは、オートノミーと関係していることでした。「この会社では、悪意のないうっかりミスが評価されると感じるか」という問いへの回答が、最も重要なカギの1つだと思います。

「何が重要ですか」という問いを考えてみてください。その答えが「この会社では、悪意のないうっかりミスが評価されると感じる」だったら、これは何を意味するでしょうか。まず、オートノミーを持っていなければならないということです。なぜなら、言われたことだけをやっていれば、ミスは犯さないからです。ミスを犯すということは、取れる行動がいくつかあったことを意味します。

悪意のないミスが評価されると言うとき、これは会社が「結果」よりも「意図」を大事にすることを意味しています。従業員に自由を与え、信頼を与えている。信用している限り、ミスがあってもいい。悪意のないミスは評価されるということです。これが株式市場のリターンを予測する最大の要因の1つでした。それ以外は、オートノミーや公正さです。これらが最も大きな予測要因でした。

さて、幸福についての質問でしたね。幸福といってもさまざまです。ここであなたが言う幸福とは、第3章で紹介したタイプ1の幸福ではない。それは、ただのビールを飲み、冗談を言い合うことですから。

ここで言うのは、タイプ2の幸福のことですね。人が結び付いていると感じ、信頼されていると感じ、自主性を感じ、会社を大事に思うということ。活躍する手段があるということ。こうしたことが、重要なことになります。

また、「重要でないことが何か」を知ることも重要です。例えば、私たちの研究では、医療保険のような「福利厚生」はあまり重要でないことが分かりました。「オフィスの家具の質」もあまり重要でないことが分かりました。「肩書」もあまり重要でないことが分かりました。本当の問題、企業を本当に前進させるのは、社員が会社とつながっていると感じ、余計に頑張ろうとすることです。自動装置のような人がいて、ただ言われたことだけをしていたら、その人には非常に限られた価値しかない。一方で、会社のミッションに本当に興奮している人がいる。欲しい人材はその人です。これはただ契約で手に入るものではない。その人との互恵関係から得られるものです。会社の成功と自分の成功が同じものだということを心から受け入れることから得られるものです。

富永　この文脈では、報酬という制度そのものが役に立たないのでしょうか。

ダン　**モチベーションと報酬は異なります。**人にやる気を与えられないという意味ではありません。それはできます。

私が研究室で実際にやった事例をお教えしましょう。2年前、年末に研究室のメンバーに何をあげようか考えました。毎年12月に、贈り物をしているんです。さて、ボーナスを出すこともできたし、靴下をプレゼントすることもできた。ギフトカードを贈ってもよかった。でも私が考える贈り物は、後ろ向きの報酬ではないんです。「これをしてくれてありがとう」と言うような報酬にしたくない。前向きにしたいんです。

私の報酬は、相手に向かって「私はあなたのことを、ただの労働者ではなく人として大事に思っている。あなたに成長してほしいし、私のことを覚えていて

モチベーションと報酬は異なる

ほしい」と言うことです。そこで何をしたかというと、研究室のメンバー全員に、私と仕事をする部下としてではなく人間として学びたいことを半ページ書いてもらった。「あなたが学びたいこと、それを学びたい場所を教えてくれたら、10日間、あなたをそこへ送り出してあげます」と言ったんです。漫画を学びに出かけた人もいるし、瞑想を学びに出かけた人もいた。ドラムなど、それこそいろんなことをしに各地に行きました。

それから丸1年というもの、いろんな人が出かけては帰ってきて、何をしたかを話してくれました。私にとっても、非常に良い報酬でした。これは「あなたは私のためにこれをしてくれた。だから、これがお返しです」と言って与えるものではありません。そうではなくて、私が相手を個人として大事に思っていて、成長してほしいと思っているという気持ちを表すものです。

このタイプ2の幸福は、私たちが利用できる興味深いモチベーションが詰まった本当に大きなバスケットだと思います。**こうしたやる気について面白いところは、「全員が得をする」ことです。**一方、不幸な従業員が1人いたら、全員が損をします。従業員は仕事に行くのが嫌で、生産性が低く、会社の株価は上がらないんです。

もう1つの良い点は、人の人生を充実させる方法がたくさんある、ということ。例えば、複雑で難しい仕事、自主性を与えることもできますし、それをきちんと設計する必要があります。働く人を自動装置のように見なしたら、人はただスタンプを押しているだけ、あるいはチャーリー・チャップリンの映画『モダン・タイムス』のような感じになってしまいます。ミスは犯しませんが、人間の本当のポテンシャルは絶対に発揮できないんです。

富永　多くの企業があなたから学ぶべきですね。特に、将来を見据えた見返りという概念はいいと思います。とても重要なことです。本当は教えてもらう必要がないくらい自明なはずですが、すべての企業がつい忘れてしまうようです。

ダン　そうですね。企業の経営について考えてみましょう。企業が倉庫を買うとき、それは投資です。企業が従業員に投資するとき、それはコストと呼ばれます。米国でHR（人事部）を見ると、組織の序列として企業の一番下にあります。日本はどうですか。

富永　一番下という感じでも、一番上という感じでもありません。

ダン　米国では、一番下がコンプライアンス（法令順守）で、次がHRだと思います。組織の役割には、権限があります。組織が本来果たすべき役割です。実際、HRはR&D（研究開発）部門の機能と似ていると思うんです。何が理想的でないかを継続的に探し、問題を正そうとする。ただ、大半の企業では、HRは新しいことを模索し、見いだそうとする権限を持っていません。けれど、本当はそうしなければなりません。私が望んでいることは、組織の役割を変えること、そして人間のやる気についてもっと深い理解を得ることです。**私たちが知識経済へ移行するにしたがって、個人の裁量に任されることが増えていくということを、もっと深く理解する必要があると思います。**もし、ここにあるテーブルを整理するのがあなたの仕事であれば、私はあなたの仕事ぶりを評価することができる。けれど、パソコンの前に座って考えることが仕事であれば、あなたの脳で何が起きているか、私には知りようがありません。

私としては、あなたに仕事をやりたがってもらわないといけない。知識経済へ移行するにつれて、やる気がいかに重要かをもっと理解しなければならない。

それから企業には、社員のやる気が花開くのを促すようなことをしてもらう必要があります。

富永　あなたがやっているような報酬制度などによって、人の意欲を生み出すということですね。

ダン　ええ。**一部は自主性であり、一部は評価されていると感じること、透明性、結び付きです。**こうしたことは、とても重要です。

富永　それを実現するには、公正さもキーワードになるかもしれませんね。

第 6 章

職場の
モチベーションを
高めるには

ダン・アリエリーの講演を聞いて

ダン・アリエリー氏との対談の翌日（2019年9月23日）、同氏が共同創業者となっているコンサルティング会社BEworksの最新の知見を披露するカンファレンス「BEworks Summit」が、カナダ・トロントのオンタリオ美術館（アートギャラリー・オブ・オンタリオ）で開催されました。そこでダンは「職場でのモチベーションをいかにして高めるか」というテーマで基調講演を行ったのですが、その内容は職場でのモチベーションの枠を超え、人生においていかに幸福を増やすか、という命題に援用できるアイデアに溢れていました。ここではそのエッセンスのベースに、そこから筆者が何を得たかを語っていきたいと思います。

人をやる気にさせる「2つのポイント」とは

まずダンは人をやる気にさせる正しい方法には、「2つのポイント」があると指摘しました。

1つ目は「グッドウィル（善意）」。自分が会社をクビにならないためにやる必要最低限の仕事と、仕事に心から燃えていたらできる最大限のギャップがグッドウィルで

Good-will

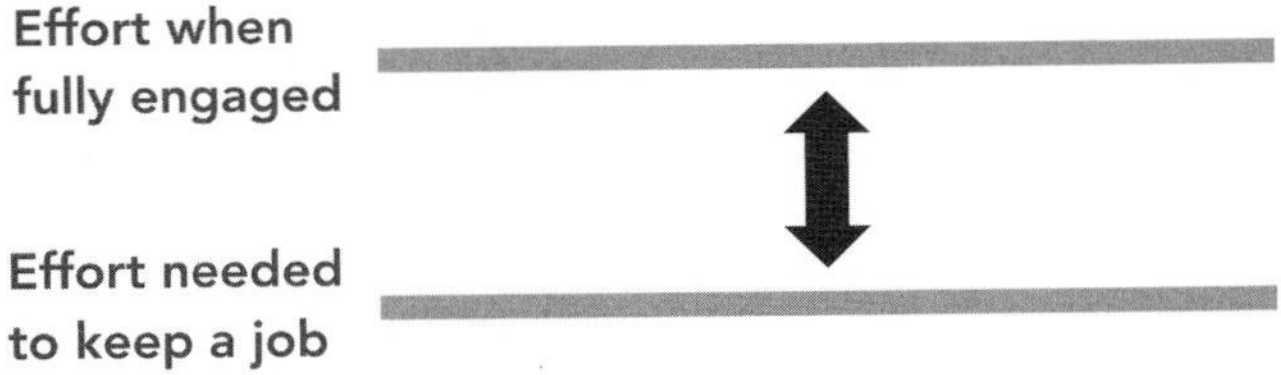
Effort when
fully engaged
Effort needed
to keep a job

す。それは驚くほど大きいだけでなく、現代ではどんどん大きくなっているというのです。なぜでしょうか。

「私の仕事がこの部屋のテーブルと椅子を整理することだった世界では、あなたは私がやっていることを追跡できます。私がやっていることを把握し、働きに対して報酬を払えるかもしれません。けれど、知識経済へ移行するにつれ、どんどん多くのことが私次第になるんです。

私はパソコンの前に座っています。仕事にエネルギーの半分をそそぎ、もう半分はほかのことを考えることに使うかもしれません。あるいは、仕事に全力をそそぐこともできます。知識経済においては、多くのことが脳で起きていて、その人が本当に何をしているのか、外の世界は知る由もなく、多くが自分の意思次第になります。だからこそ、グッドウィルが重要なんです。私たちは本当のところ、自分の仕事にどれくらい胸を躍らせているでしょうか。人がやらなければならない最低限の仕事について契約を結ぶのは簡単です。一方、熱意、気配り、本当のモチベーションについて契約を結ぶのはとても困難です。つまりそれがグッドウィルであり、多くの仕事は個人の裁量に関わってくるんです」

たしかに部下と仕事を進めるときに職務記述書とその達成レビューをベースにしたり、SLA（サービス品質保証）や契約書をベースに取引先とプロジェクトを進めたりといったプロセスはあまりに一般的なので、あえてその是非に疑問を挟むことはなかなかないのではないでしょうか。しかし、ダンの指摘はその重要性を示唆していると思われます。

なぜならば、成果物を定義しようとすると、実務者側にはそのサイズをなるべく小さくし、業務的な負荷を軽減しようというモチベーションが働くので、マネジャーやクライアントとの間で交渉が発生します。この交渉は実務者とマネジャー（クライアントとパートナー）間の利害を、「どちらかの利得はどちらかの損失」という駆け引き的な方向に導き、それにより二者間の関係は協調的ではなく、競争的・敵対的になります。これは同じ目的に向かい仕事を進めていく上で好ましいことではありません。

次に、いったん成果物が定義されると、実務者とマネジャー双方の心理として、それが達成すべきゴールの基準になります。ここでその基準が競争的・敵対的な二者の交渉により合意されたものであることを考えれば、それはリソースが持つポテンシャルを最大に発揮した状態からは遠いものになります。いったんこの基準値が合意されてしまえば、それを超えようとする力学は発生しにくいでしょう。

これらの考察から、グッドウィルによるストレッチを考慮しない、プロセスとしてのゴールセットはチームのパフォーマンスを矮小化させる可能性が導き出されます。この可能性を回避するためには、二者間で、チームとして最高のパフォーマンスを発揮したらどんな素晴らしい状況になるかを考え、その状況をゴールとして意識するといった方法が考えられるのではないかと思います（合意すると契約的になり、敵対的関係の元になるので、意図的に「意識」という表現を使っています）。

この考え方は、職場から生活一般にどのように援用できるでしょうか。

例えば、中学受験を控える子供との接し方を考えてみましょう。

中学受験くらいだと子供が自身の考え方を完成させているわけではないので、親の側からうまく志望校をガイドすることが必要なケースも多いのではないかと思います。

このとき、現状の偏差値や模擬試験のスコアから、志望校合格に必要なそれへのギャップを埋めるといった話をしても、子供の心はあまり動かないのではないかと思います。なぜならば、子供は子供なりに日々の学習努力をしているので、それ以上ストレッチすることへの正当性が見いだせず、ポテンシャルとルーティンのギャップを埋めるような心の力学が働きにくいからです。

そうではなく、志望校に合格した喜びや幸せを共有し、親子で一緒に目指すといったスタンスを取ったほうが、納得性・幸福性が高い形で準備ができそうです。子供にとってオートノミーを担保した形で勉強が進められる、というところがポイントです（行動経済学的な考え方をすれば、レベルが高い塾に放り込んで子供が相対劣位なポジションになるような状況をつくり、子供の参照点を彼・彼女の現状の成績から塾の標準レベルに引き上げるやり方もありますが、これは子供の幸福性を下げると思われますので、本書の趣旨には合いません）。

また、夫婦間で夫の小遣いを決定する、という状況でもこの考え方は使えるのではないかと思います。

そもそも、夫の小遣い制は自分の所得（法的には夫の所得は夫婦のものかもしれませんが、働き手の実感としては自分の勤労の対価であるという意識が強いのが一般的だと思われます）を配偶者に管理してもらうという、夫にしてみればオートノミーに欠ける状態をつくり出す、夫の幸福性には課題がありそうな考え方です。

このとき、妻の側から「友達のご主人は月2万円でやりくりしている」などと提示することは契約的な考え方であり、夫のグッドウィルをうまく引き出しません。また、一度合意した額面は参照点として働くので、家計状況や収入に変化が生じた際も、柔軟な変更を阻害する要因になりそうです。

そうではなく、まず夫婦で将来的な目標を話し合い、現状をそこへ至る通過点と位置づけ、収入の配分もそこを目指すような考え方を導入するのはどうでしょうか。

そうであれば、議論の対象が夫の小遣いとそれ以外という枠組みから、将来的に家計全体をどうするかという枠組みに変わるので、夫側の幸福感を大きく損なわない形で合意ができるのではないかと思います。

2つ目のポイントとしてダンが挙げたのは、「モチベーションの複雑さ」です。「一例として、マラソンについて考えてみるといいでしょう。私は一度もマラソンを走ったことがありませんが、走っている人は辛そうで、幸せには見えません。けれど、マラソンが驚くほど人をやる気にさせるという事実は無視できません。古代ギリシャとの結び付き、競争心、達成感、障害を克服すること。そしてチーム精神、ほかの人と一緒に取り組む意識といったもの。幸福について考えるとき、私たちは海辺に座ってモヒートやビールを飲むことを思い浮かべますが、大半は純粋な喜びの瞬間が

ほとんどなく、たいていのものは複雑で難しいけれど、ほかのモチベーションの源泉がたくさんあるんです」

モチベーションの複雑性は、組織の中で仕事を進める上でのチャレンジになります。なぜならば、(1)組織においてモチベーションの管理は、伝統的に人事制度設計とその運用によって行われており、(2)複雑性を反映するために個々のモチベーションに合わせて人事制度を設計しようとすると制度自体があまりに複雑になり、その運用がおぼつかなくなるからです。

一方、ダンの講演から、人間が持ちうるモチベーションは複雑ながらも体系化できるように感じられます。その全体図が描かれれば、それと組織の原則と掛け合わせた形で優先順位づけした制度設計もできそうですし、またその設計上、前述のグッドウィルと「ゴール設定」の関連を踏まえれば、モチベーションが低い従業員を最小化し、全体のパフォーマンスを高く保つことができそうです。

その際、ここで引き合いに出されているマラソンに関連するようなモチベーション、すなわちゴール達成に至るまでの負荷が極めて高く、全員にその基準を援用すると脱落者が頻発してしまうけれども、一部の者にとっては強く機能するようなことをどう扱うかは、興味深いポイントになるでしょう。

想像ですが、マラソン走者の心の様相はずっと一様ではなく、例えば「まずは10㎞完走した」「半分終わった」などの通過点をマイルストーンにしながら、長時間の負荷を乗り切っているような気もします。もしそうであるならば、マラソンランナーの心理状態を分析し、完走＝プロジェクト完遂や年間目標達成としながら、過程のマイルストーンも小ゴールのような形で評価の対象とし、モヒート的な幸福を求める人のゴールとして設計することにより、モチベーションの多様性と組織のパフォーマンスを鑑みた制度アイデアが生まれるかもしれません。

このマラソンのケースを、先ほどの中学受験や夫の小遣い決定に応用することもできそうです。

例えば、中学受験は通常1年以上にわたる長いプロセスなので、3カ月ごとなど期間を区切った形でリフレッシュするイベントを設定する、あるいは逆に目標を定めるなど。また、夫の小遣いであれば、現在の小遣いだけを決めるのではなく、将来的な家計状況を想定した増減などを設定しておくことなどが考えられます。

大事なのは、イベントにしろ、期間目標にしろ、将来の小遣い金額にしろ、当事者である子供や夫が決定し、彼らのオートノミーを担保したプロセスにすることであり、そこを疎かにすべきではないと思います。

自分が作ったレゴを目の前で壊されたら

次にモチベーションに関する実験として、玩具のレゴブロックを使った実験を挙げました。この実験では、参加者にレゴの「バイオニクル」シリーズを与え、「このレゴを3ドルで組み立ててもらえますか」と頼む。そして完成したレゴを引き取り、「今度は3ドルではなく2・7ドルで組み立てたいですか」と聞く。それを報酬が30セントずつ減っていくようにして繰り返したら、人はいつ断るかという実験です。

1つ目の条件ではレゴを引き取るときに「これはテーブルの下に置いておきますね、セッションの終わりになったら、次の参加者のために分解します」と伝える。一方、2つ目の条件では参加者が2つ目のレゴを組み立てている間に、1つ目のレゴがバラバラにされて箱に戻されます。2つ目が完成したときには、1つ目はすでに分解されているわけです。結果は、参加者が組み立てるバイオニクルの数に大きな差が

あったそうです。「私たちは、この仕事（レゴを組み立てる作業）から『意味』を取り除こうとしたんです」。

組織における業務の中で、このレゴの実験で行われるように、成果の「意味」を次々に、矢継ぎ早に否定されるという状況は少ないかもしれません。しかし、類似の、つまり誰かが払った努力の成果が無になる状況として、例えば上司が部下に（クライアントがパートナーに）発注した資料やアイデアを使用せずに終わるといったことはまま見られます。上司やクライアントは、個人や組織のモチベーションを高く保つという観点から、この種の事態に直面したらどのように行動すれば良いのでしょうか。

反射的に取りがちな行動は、実際に使用しなかったことを部下やパートナーには黙っておき、放っておくこと。しかし、これは良い行動とは言えないでしょう。なぜならば、上司と部下、クライアントとパートナーという関係において、部下やパートナーは提案やアクションに対するフィードバックを求め、その内容によって以後の行動を強化・修正しようとします。そのような状態にある者にフィードバックを与えないというのは、モチベーションを維持する機会をみすみす逃すようなものです。

さらには、積極的な部下・パートナーがフィードバックを求めてきたときに「実は使用しなかった」とネガティブなフィードバックを後出しでする、もしくは「良かったよ」などと真実に反することを伝えることとなります。前者は上司やクライアントが「言いにくいことを黙っていた」という印象を与えて関係の透明性にかかる不信感につながりますし、後者は「良かったわりには、以後の部門施策に自分のアイデアが反映されない」と言った形でやはり不信感につながります。

これらから、このような事態においては、上司やクライアントは、

・準備された資料・アイデアが自分の期待値に合っており、感謝していることを伝える

・しかしながら、想定からシチュエーション文脈の展開が外れ、実際には使えなかったことを伝え、謝罪する

・(例えば)準備された内容や、そのためのプロセスは、チームや個人の中に知識として蓄積されるので無駄にはならず、近い将来に何らかの形で日の目を見ると考えていることを伝える

といった対応をするのが良いのではないか、と考えます。

最悪なのは、このようなコミュニケーションを行わない、不透明な状態やあいまい

な状態に部下やパートナーが順応してしまうことです。そうなると彼らは「仕事をしてもどうせ無駄になる」といった諦念とともに仕事に取り組むようになり、高いモチベーションに基づく成果がどんどん出にくくなっていくでしょう。

熱意をつぎ込んだプロジェクトが突然中止

ここには、もう1つの物語が登場します。ダンの教え子に、シアトルの大きなハイテク企業に就職した学生がいました。「我が社にとっての次の目玉商品を開発してほしい」と言われて大変な量の熱意をプロジェクトにつぎ込んでいたにもかかわらず、CEOが突然現れてプロジェクトを中止すると言われたそうです。そしてCEOがプロジェクトを中止した瞬間に、社員が遅刻して出勤したり、早くに帰宅したり、いろんなことが起き始めたそうです。

このCEOがプロジェクトを中止した判断の背後には、おそらくビジネス的には正当な理由があったのではないかと思います。人間の性質としてはいったん資源を投入してプロジェクトを開始すると、その資源を回収するために、たとえ成功する見通しが低くても、プロジェクトを継続して傷口を広げてしまう、いわゆるサンクコストに拘泥してしまう傾向があります。このCEOが行った判断は、それらを踏まえた上での理知的な判断だったのではないかとも感じます。

そうであるならば、このCEOはどのような行動を取るべきだったのでしょうか。まず、人間は誰しもがサンクコストに拘泥してしまう生き物であることを前提としたコミュニケーションを設計するということが挙げられると思います。つまり、このままプロジェクトを継続すると傷口が広がることを示し、中止が比較上良い判断であることを説明するのです。その原因にはプロジェクト開始時に前提としていた環境などの見積もりが誤っていた、あるいはそれが変化した、などいろいろな事由があったものと思われます。それらとともにプロジェクト継続の不合理性を説明し、論理的な正当性を共有するのです。

そのような丁寧なコミュニケーションを行ったとしても、従業員にとってはこの決定がなお理不尽に感じられることもあるかと思われます。ここから、このCEOができたことの2点目のポイントとして、理不尽な事象に直面したときに、人はどのように受容していくのかを押さえたコミュニケーションをするということが挙げられます。

人は死や解雇、失恋などといった悲しい出来事に対し、否定→怒り→取引→抑うつ→受容という5段階を踏んで受け入れていくとする「キューブラー・ロスの5段階受容モデル」があります。事象の種類によって「否定」は「驚き」だったり、「取引」は「あがき」だったりするなど、全事象で必ず5ステップを踏むわけではないとも思われますが、一方でこれに類似する段階を経て人は悲しい出来事を受け入れていくというのは実感に合っています。

そこで、プロジェクト中止の通告を一度行うだけでなく、これらの段階に応じた細かいコミュニケーションを全体や個人に対して行っていければ、最大多数の従業員を比較的スムーズに受容段階に導き、次のプロジェクトへと動機づけることができたかもしれません。

もう一つ、CEOとしてできた可能性があることは、中止の意思決定を自分や役員会のみでなく、もっと現場に近いレベルを巻き込んで行うということです。人間は自分が検討した内容や下した判断を肯定・受容する傾向がありますので、現場とともに中止の結論が導ければ、その受け入れや対応は相当程度スムーズに行えたと考えられます。

もちろん、企業組織にはガバナンス、セキュリティー、デッドラインなど重要なアジェンダがたくさんあり、従業員のモチベーションのみを重視した決定はできません。ただダンも喝破しているように、従業員が最大の資産であることを考えれば、特に有事の際、そのモチベーションを大切にした行動を取ることには合理性があると感じられます。

ボーナスは優秀者のモチベーションにならない？

2つ目の実験は、コールセンターでのモチベーションに関する実験です。あるコールセンターでは、働く人に毎週、最大で給料の30％相当のボーナスを与えていました。その1年分のデータを見てみたら、ボーナスをもらっていたのは毎回、基本的に同じ人たちでした。なぜ毎回同じ人がボーナスをもらうのか、あらゆる仮説を立てられると思います。そこで6カ月間、このコールセンターから毎週金曜日にデータを受け取り、ボーナスを決め、個々の従業員にいくらボーナスを渡すかを月曜に知らせる

ことにしたのです。

従業員の生産性が高まったのは、仕事ができる順に上半分の人にボーナスを与えたときか、それとも下半分に与えたときか。実際は、下半分の人に与えたときでした。なぜかというと、上半分の人はすごく成績が良くて、改善の余地がないから。しかし、報酬が少なくなったからといって、仕事の質は落としたくないそうです。トップにいる人はもう上にいくことができず、下に下がりたくもない。一方、下にいる人にはモチベーションが果たす役割があり、もっと頑張ることができる。そこでダンが薦めたのは、一番成績が良い人たちの固定給を高くすることだったとのこと。

このエピソードは正確には（1）高い成果を出している人には、インセンティブとしての達成給はワークしない、（2）低い成果に甘んじている人には達成給が効く、という2点に分解されます。

このうち、（1）に着目し、高い成果の人の達成給制度をやめ、固定給を上げて成果に報いながら彼らを戦力として囲い込む、というダンの提言は非常に理にかなっているように思われます。

では、（2）に着目し、低い成果に甘んじている人のモチベーションを高め、なるべく高いパフォーマンスを引き出すには何が必要でしょうか。

これを考える上で押さえておくべき要因として、（A）彼らが努力し、成果を出せば報われるという気づきを得られるか、（B）モチベーションは生得的に持っている個人の基本的な要素であるように感じられるが、それが後天的に変わる可能性はあるか、という2点があると思われます。（A）については、これらの人々に対しては基準を明確にした上で達成給を支払う制度にする、さらには固定給と達成給の比率を変えて達成給に重きを置くような制度に変更するといったことが考えられます。

（B）については、低い成果に甘んじていた人が高いインセンティブを継続的にもらうことを通じて高いパフォーマンスを新たなスタンダードにできるか、という問いへの答えにより、取るべきオプションが異なるように思われます。

もしも答えがイエスならば、一定期間高いパフォーマンスを出し、インセンティブをもらい続けた（2）の人を、（1）のグループに移行させる、というのが妥当であるように感じます。一方、ノーであれば、細かく固定部分を調整しながらインセンティブ制を継続する、というのが良さそうです。つまり、一定期間良いパフォーマンスを出してくれたから固定部分を昇給し、その分達成給の基準も厳しくする、ということです。インセンティブをもらわないと昇級前の固定＋インセンティブに届かず、なおかつ基準がなんとか達成できそうに見える設定であれば、パフォーマンスがさらにストレッチすることが期待できるのではないかと考えます。

これについては、もう1つ事例があります。ダンはある政府から、教師にボーナスを与える方法を決めるのを手伝うよう依頼されたことがあったそうです。具体的には個々の学校の上位10％の教師を選んでボーナスを与えることに対し、どう思うかと聞いてきました。これが確かに役立つ条件とは何でしょうか。

その条件とは、成果を高めるために何をすべきか教師が分かっていること。分かっているけれど、やりたくない。教師を妨げているのはモチベーションの不足だから、お金を渡せば十分な動機になる。それが前提条件になります。それから、大勢の人が頑張れば上位10％に入れると思っている必要があります。なぜなら、人が下位20％に入っていて絶対に上がれないと思ったら、何のモチベーションにもならないからです。大勢の教師が上位10％に入れると思う必要がある。

一方、教育の質を向上させる最も優れた方法の1つは、一流の教師に時間を与え、それほど優れていない教師に教えさせることだという結果が出た実験があるそうです。

教育は何がうまくいって何がうまくいかないかというフィードバックのループがものすごく遅いので、そういった経験が豊富な教師にほかの教師を教えさせる。すると、状況は上向くと。

しかし、上記の政府が考えたことを実行していた場合に確実に起きることは、優れた教師が他人を助けなくなる、ということです。なぜなら、これで教育環境が協調的な環境から競争的な環境へ変わってしまうからです。

「もし自分が上位10%に入っていたら、絶対に他人を助けません。大事なポイントは、私たちが本当にやるべきことは、まず、何が人を妨げているのか問うことです。人を妨げているものが何かによって、非常に大きく異なるアプローチを設計することになるからです」

このエピソードも考えさせられるところ大です。

（1）教師になろうという人は、もともと「人に教えるのが好き」というモチベーションを持っている

（2）教師という仕事の成果は生徒の成長だが、それは本質的に実感しにくいことで

あり、数年がかりの観察をしないと見えない（＝つまり実質的には見えない）ことも多い

（3）優れた教師のモチベーションを満たし、高いパフォーマンスを維持することが重要

（4）優れた教師のみならず、全体のパフォーマンスを上げることも重要

こうした与件をすべて満たすアイデアとして、優れた教師がそうでない教師の教師となるという案が実証されたわけですが、これをモチベーションの実験と捉えると、かなり革新的な内容であることが見て取れます。

まず、優れた教員に金銭的なインセンティブを与えるようなスキームはゼロサムのゲームであり、他人と協調する動機にならないばかりか、協調しない動機となってしまい、知識集約的な職場で知識の囲い込みが起き、暗黙知の形式知化が妨げられることにつながります。またダンが指摘しているように、そもそもインセンティブを狙えるポジションにいない教師には、この仕組みはなんのアメにもなりません。このことから、これは企業に代表される現代の組織のかなりの割合にあたると思われる知識集約的な職場では、原資を特定の人に配分するような金銭的インセンティブは組織のパ

フォーマンスを最大化しない可能性が高いことを示唆していると私は感じます。

一方で、この（優れた教師がその他の教師を教える）アイデアは、「教師は子供を教える職業である」という定義や固定観念に囚われていては絶対に出てこないものです。これは優れた人材の「教えたい」「結果が見たい」というモチベーションを満たしながら、彼らの知識や方法を一般的な教師に伝達し、その結果として教育水準全体の底上げができる一石二鳥の妙手であり、上記の原資を分配するスキームとはその効果が質的に異なることになりそうです。

常識を打破することにより、部分ではなく全体を対象としたパフォーマンスの改善が実現した、勇気をくれるストーリーです。

本人への報酬より仲間へのギフト資金のほうがチームの成績は上がる？

ダンはもう1つ、ユニークな実験を紹介しました。エリザベス・ダンとマイク・ノートンが手掛けた実験で、欧州各地を回る製薬会社の販売員のグループを対象に実施した実験でした。この実験では1人当たり15ユーロを与えたのですが、一方には

「会社からの贈り物だから好きに使ってほしい」と言い、もう一方のグループにはそのお金でチームの誰かにプレゼントを買うように指示しました。それぞれで営業成績がどれくらい上がったか調べたところ、前者は1人当たり5ユーロ未満だったのに対し、後者はほぼ100ユーロに達したそうです。チームの誰かに贈り物を買うように言われたときに、何が起きたのでしょうか。

「それは社会の車輪に潤滑油を差すことになるんです。もしかしたら、社員は遅刻せずに会社に来るようになるかもしれません。もしかしたら、お互いに助言を与え、助け合うかもしれない。突如、グループ内の力学が変わり、状況が劇的に改善するんです。繰り返しになりますが、『何が人を妨げているのか、あまりうまくできていないことについてやる気を与えるインセンティブ計画をどう作ればいいのか』と問う必要があるんです」

このエピソードは、すべての組織にとって福音なのではないでしょうか。

読み取れることは2点。まず1つ目は、組織というのは放っておくと、断絶した、コラボレーションからは遠い状態になり、自己と他者の間に壁を作りがちであるということです。ピラミッドの形をした一般的な会社組織は組織の数だけ壁があり、本文中のメモにも記した二項対立が起きやすい構造をはらんでいます。本来社会的な動物であるはずの人間も、この構造のもとでは他との対立をベースにした関係性を築きがちなわけです。

2つ目は、その壁は仕組みとアイデアによりある程度解決できるか、少なくとも緩和できそうだということです。この実験では、ギフト＝好意の受発信をすることによって組織の壁を溶かし、個々人の間の関心と好意・信頼を醸成したわけですが、これはこの実験のギフトのように、費用を伴う仕組みである必要は必ずしもないということです。

例えば、週に一度、ランダムに誰か対象を選び、その人の長所やその人への感謝を告げるということを制度化してみるのはどうでしょうか。これは長所・感謝を告げられる立場に立ってみれば、想定していなかった人から思いもよらぬ感謝や褒め言葉を受け取ることにつながり、告げてくれた人への好意やそれをベースにした協調の素地が組織の中に次々に芽生えてくるのではないかと考えます。そしてこのやり方であれば特段経費はかからないので、企業は意思決定1つで、すぐに始めることが可能です。

現金よりピザや褒め言葉のほうがモチベーションアップ?

次は、半導体メーカーの米インテルでの実験です。この工場では、従業員が4日働き、4日休んでいます。仕事の日は勤務時間がとても長く、1日12時間働きます。インテルの人事部の人たちは、こう考えました。「4日休んだ後に仕事に戻ったら、うれしいわけがない。おそらくまだ休み気分を引きずっているから、その日には目標を与えよう。例えば半導体を1300個作る。そして目標を達成できたらボーナスを30ドル与えよう」と。2日目は目標もボーナスもなし、3日目も目標もボーナスもなし、4日目も何もなし。それから、また4日休んだら、仕事に戻った初日に目標とボーナスがある、という仕組みです。ダンはこの話を聞いたとき、なかなか面白いと思ったそうです。ボーナスがある日とない日があるからです。人はボーナスをもらえないとき、ボーナスの余韻があるから、グッドウィルがどうなるのかが非常に興味深い点でした。

そこでダンはインテルに行き、何もないコントロール(対照)条件と現金、ピザチ

ケット、上司からの褒め言葉というさまざまな条件で実験したそうです。初日の結果はゼロだったのがコントロール条件だけで、残り3つの条件はすべて成果が上がりました。現金は約5%良くなり、ピザと褒め言葉は約7%良くなった。

しかし、興味深いのはその翌日の結果。現金をもらったグループは、2日目になると生産性が一気に低下していたとのこと（詳しくは196ページのグラフ参照）**。**

「この実験やその他もろもろの実験から学べる大事なポイントは、お金でできることと、モチベーションが働く仕組みの間には大きなギャップがあるということです。本当のコミットメントや愛情は、特定の言葉やお金で人に報酬を払うだけで得られるものとは大きく異なるんです」

このエピソードを、驚きを持って受け止める人は多いのでないでしょうか。

まず、現金のインセンティブよりも、ピザチケットのほうがインセンティブとして高い効果を示し、それよりも上司からの感謝の言葉のほうがさらに高い効果を示し、パフォーマンスとインセンティブ内容の経済的な価値が反比例したということ。

この点をよく考えてみましょう。現金による動機づけと、ピザチケットによる動機づけ、上司の感謝によるそれは、質的に同じ作用でしょうか。

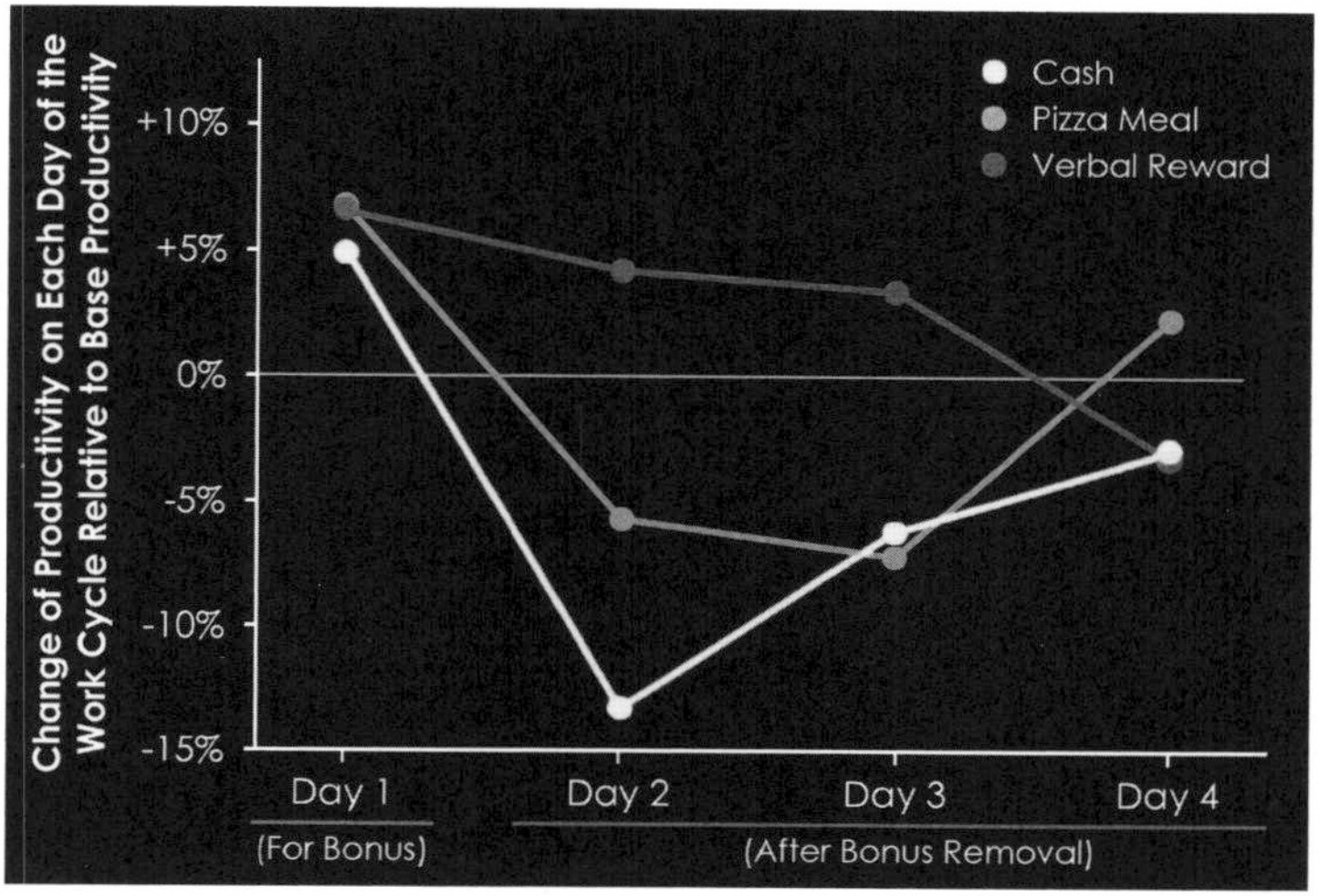
Change of Productivity on Each Day of the Work Cycle Relative to Base Productivity
+10%
+5%
0%
-5%
-10%
-15%
Cash
Pizza Meal
Verbal Reward
Day 1
Day 2
Day 3
Day 4
(For Bonus)
(After Bonus Removal)

現金による動機づけは従業員にとっては無機質な雇用契約の延長であり、その評価・判断やその結果どのように行動を変えるかは、単純な損得でなされると考えられます。このことから、同じ現金同士のインセンティブ比較であれば、より高い金額のほうが高い効力を発揮するのではないかと思われます。

では、ピザチケットのケースではどうでしょうか。

ピザチケットは現金と比べて「従業員のためにあつらえられたプレゼント」という感覚があります。また食べるという行為は小さくない経験価値とつながりますし、これが家族や友人との団らんと結び付くと、やはり小さくない情緒的な価値を生みます。さらに現金のような汎用性がないので、「毎日もらいたい」と思わせるような、現金に付随しているある種の中毒性はありません。

つまり、インセンティブとしてのピザは獲得したいと思わせる力がありながら、もらえなければ損であるという気持ちは引き起こしにくい、いわば損得基準の「得」サイドのみに働き、かつ経験価値・情緒的価値の創出により職場や会社をちょっと好きになる作用があるのではないでしょうか。これが無機質な現金の場合との差を生み、非対象日のパフォーマンス低下を回避しているのではないでしょうか。

最後に、上司からの感謝が効力を発揮するメカニズムは、現金ともピザとも、ちょっと違うのではないかと思います。

現金とピザは大なり小なり損得という価値判断基準に呼びかける手法ですが、上司からの感謝は善意・悪意という意味での「善悪」や個人としてのつながりの中での「好悪」という感情に呼びかける手法です。損得と善悪・好悪を比較すると、損得が左脳的・計数的で価値判断や人としての原則には結び付いていないのに対し、善悪・好悪は対照的です。

それぞれのインセンティブにおける、従業員視点での判断基準をまとめると、

現金：損得のみ
ピザ：損得と好悪のハイブリッド
上司の感謝：善悪と好悪のハイブリッド

となり、三者に現れた効力の差は、損得の割合が強いほどインセンティブの対象外の日にパフォーマンスを発揮するモチベーションを下げてしまうということなのではないかと思います。

それにしても、現金のインセンティブはコントロール群と比べて対象日のパフォー

マンスは上がるものの、その他の日は下がるので、通算すると与えないほうがマシだというのは衝撃的な結論であり、企業の制度設計に関わる方や、部下やパートナーを動機づけなければならないマネジャーおよびクライアントは胸に刻んでおくべき結果なのではないかと感じます。

従業員の満足度は株価と連動している？

こうした実験結果を取り上げた上で、ダンは約800社の従業員への80項目のアンケート回答を2006年から2018年までデータベース化していることを披露しました。「自分の仕事が評価されていると感じる」「職場で安心できる」「経営陣の期待」「物理的な職場環境」「椅子と机」「福利厚生」など。そして、例えば職場の家具に対する満足度などそれぞれの設問に対する満足度が最も良い企業上位20社を選び、それらの株価の動きをまとめたインデックス（指数）を作成。そのうちのいくつがS&P500種株価指数より高いパフォーマンスを上げるか調べたところ、実はS&P500を上回ることが非常に簡単なことが分かったそうです。つまり、従業

員を良く処遇する企業を取り上げれば、S&P500と同等かそれ以上のリターンが得られるということです（逆に下位20％の企業を選んだ場合は、ほぼすべてがS&P500を下回ったそうです）。**中でも、「悪意のないミスが評価されると感じる」や「自分の給与が公正だと感じる」が重要だった一方、給与自体や福利厚生は重要ではなかったとのこと。**

「悪意のないミスが評価される」が企業業績と連動する、給料の額面よりも「給料の公正さ」のほうが企業業績をうまく説明する、という2点は現代の組織において多くのことを意味するのではないかと考えます。

「悪意のないミスが評価される」という項目には、（1）性悪説ではなく性善説で従業員に接している、（2）リスクを取ること、挑戦することを従業員に奨励している、（3）失敗をきちんと失敗と位置づけた上でチャレンジの証しとして称賛しつつ、次への学びとする、という大きく3つの要素があります。

このうち、2点目、つまりリスクを取ることを企業が奨励するのはよく見聞きしますが、これらは（1）性善説や、（3）失敗の承認と学び、とともに運用しないと、単なるお題目になってしまいます。

特に業績が芳しくないとき、組織はともするとその原因を探り、犯人捜しを行いがちですが、そのようなことが起きる組織というのは性善説に基づく運用がなされているとはいえず、ミスをすれば大なり小なりパフォーマンスに悪影響が出かねないことを考えれば、そのような組織文化下でリスクを取ることは容易ではありません。

また、失敗を失敗として位置づけるためには、

・行為者は誰か
・その行為のうち、何が失敗を招いたか
・どうすれば今後の失敗を回避し、良いパフォーマンスにつなげることができるか

といった分析を行う必要がありますが、そもそも人はミスを本能的に忌避しますので、行為者は何かしらの後ろめたさを感じがちです。それを回避し、行為者の名誉を保った形（＝犯人捜しの色合いを一切出さず、行為者を称賛する形）で建設的に行うには、組織の中で従業員間に相互信頼があり、かつ組織のリーダーが規律を持ってミスの評価をする必要がありますが、これらは簡単なことではありません。

また、給料の絶対額よりも公正さを重視するという点については、人間が何かを評価するときは、独自に参照点を設定し、それとの比較で判断する、という性向に整合

的です。

例えば、転職先を2社から選ぶとします。

A社：あなたの年収1000万円　同僚の年収950万円

B社：あなたの年収1100万円　同僚の年収1200万円

絶対額面ではB社が高いにもかかわらず、この会社には自分が値踏みされているような気がしてA社を選びたくなってしまう気持ちが、誰にでも大なり小なり発生すると思います。

このとき、あなたの年収を比較してB社を選択するのが合理的であるにもかかわらず、同僚との年収差という参照点を援用してしまい、A社を選びたくなってしまう、という心的作用が発生しているわけです。

給料の公正さで高い評価を得ている企業は人間のこうした性質を理解し、公正さを重視しているのではないかと思います。これらの項目において高いスコアが得られる企業が高いパフォーマンスを出す、というのは納得性が高い、と私は考えます。

「公正さ実感」は経営陣との間にも必要

ここで、ダンは「会社で業績を動かしているのは誰か」という問題を提起します。会社を引っ張り上げているのはトップの成績の人たちであり、本当に成長のエンジンを作っているのは、会社の中で一番幸せな人たちだと。もう1つ提起しているのは、「経営陣vs従業員」の問題。「従業員と経営陣の幸福度格差はパフォーマンスへのネガティブな指標である」という点について、ダンは「公正さ実感」は同僚とのみではなく、経営陣との間にも必要であると喝破しています。

一方で、経営陣はそもそも会社へのコミットが高く、また自社に関してバイアスがかかったポジティブな情報が入ってきやすい組織の構造などもあり、一般社員と比べて会社を好きになりやすく、その結果、幸福実感も高くなりがちなのではないか、というポイントも無視できないと思います。つまり格差実感はこの点とダンが指摘する「公正さに敏感な人間の性向」の乗数により生成されるのではないかということです。

これが正しいとすると、経営陣は一般社員が会社を好きになるような仕組みを導入して、自分たちと同等のレベルまで彼らの会社に対する感情をポジティブにしていかなければ幸福実感の格差は埋まらない可能性があるといえます。その観点からも先に論じたような、例えば損得のみならず善悪や好悪に呼びかけるようなモチベーション維持制度設計が重要になってくるのではないかと思います。

従業員の幸福が企業のパフォーマンスを説明するという考え方は顧客満足が従業員満足の変数であるといった論法で従前も指摘されたことがありましたが、このように具体的な項目とその影響度が分かる形で示されたのには大きな意味があるのではないかと思います。

また、講演の中で披露された、ジェンダー面の公正さと企業のパフォーマンスが比例しているというデータも興味深く感じられました。ダイバーシティが企業のパフォーマンスを牽引する理由は多様な視点の獲得によって生物学的に企業が強化されるという考え方が一般的かと思いますが、もしかしたら「公正さの徹底」が従業員の幸福感の源泉になっているという側面もあるかもしれません。

さらに、女性の登用が上位職のみの企業ではパフォーマンスは逆に悪くなるという指摘も非常に興味深いと思います。ジェンダーに限らず、ダイバーシティの推進において、それを全社的なポリシーやムーブメントとせず、世の中から目立つ上位職階層のみにまずは導入すると、ほかの階層で発生している不公平が強調される形となり、その実感が強化されるということでしょうか。直感としては、シンボル的に上位職に女性を登用することはほかの階層の女性の希望にもなるのではないかと思われますが、このデータによると、希望よりも公平実感のほうが幸福を説明する変数であると言えそうです。

なぜ職場のモチベーションアップがうまくいかないか

最後にダンはなぜ職場のモチベーションアップがうまくいかないかを論じました。誰もが職場でもっと幸せになりたいと思っており、経営陣や株主も社員が職場に満足してほしいと思っている。では、なぜできないのか。

その大きな障害は、人間のモチベーションに関する優れたモデルが存在しないことだと。その上、「あなた方のことは信用しません。あなたが正しいと思うことを好きにやらせたりしません。やるべきことを逐一指示します」といった官僚主義がモチ

ベーションを妨げていると。これが大きな課題だと言います。

「官僚主義はモチベーションの敵である」とダンが喝破するのを目の当たりにし、今まで自分が関与してきた会社のうち、官僚主義に陥ってしまっていたいくつかを想起しました。

組織の成長とともに、関わる人数が増えてくると、ガバナンスや管理のためのプロセスが必要になります。また、そういう場合、承認基準の設定、承認プロセスの導入といったことがなされるのが一般的であり、それは組織が官僚主義になっていく入り口なのではないかと思います。

ダンによれば、組織のパフォーマンスの説明変数である「悪意のないミスを評価する」ことができることと、これらのプロセスは一見無関係であるように見えます。しかし、この講演をベースに考えると、プロセスの背後にある非性善説的な前提、案件をサイズで分類し、それにより上申が必要になるリスク忌避的な設計思想は、「悪意のないミスを評価する」精神と逆行し、モチベーションの低下を招くのではないか、という懸念を感じさせます。何より官僚主義は、一人一人が自分の判断において行動できる実感、つまりオートノミーを減じ、その機能をプロセス側に持たせようという思想ですので、幸福の増大とは逆行します。

ダンが進めているような取り組みにより、今後人間の複雑なモチベーションの仕組みが解明されていくものと思われます。多くの企業が従業員のモチベーションを最重要課題と捉え、その制度設計の中心にモチベーションの向上を据え、その結果多くの従業員が幸福実感を得て、また企業のパフォーマンスも向上することを、願ってやみません。

おわりに

ダン・アリエリーとの対話、そしてダンの講演録、お楽しみいただけたでしょうか。圧倒的な知識、そしてストーリーテリングの力により、幸福と行動経済学という一見関連が薄そうな2つの分野が非常に近接し、幸せをデザインしていく考え方や技術が提示されている、と私は思うのですが、皆さんはどのように感じられたでしょうか。

前書きでも触れたように、筆者は直近10年間行動経済学をかじり続けてきましたので、この分野にはある程度の理解がある、という自負のもと、「ダンに会えるのはとてもうれしいけれども、あるいは新しい発見はそんなにないかもしれない」とも考えていました。

しかし、それは全くの杞憂でした。

例えば、ダンが一緒に動画プロジェクトをやりたいと言ってきた人から裏切られて損をしたにもかかわらず、性善説の考え方を変えなかった、というエピソードがあります。これは例外的に起きた悪いインシデントに合わせて考え方を変えてしまったら、それ以外の通常時の大きなベネフィットが失われてしまう(のでそうはしなかった)、という真に合理的な判断をダンが行った事例です。

後講釈でこのように話を聞けば、あるいは冷静にベネフィットとリスクのバランスを考えれば、ダンの決定はしごく真っ当なことだ、で終わってしまいますが、では果たして自分が同じ意思決定をできるかと問われると、私には自信がありません。皆さんはいかがですか。

性善説に基づいたやり方を悪用されたときの怒り、無力感、やるせなさを想像すれば、性悪説方向に舵を切るのが、普通の感覚なのではないか、と思います。

ある1つの事故や事件により、国や企業の慣習や制度が変わることは一般的に起きます。そうした変更は通常、怒りや被害者感情のようなネガティブな感情に寄り添っているので、全体からも受け入れられやすく、管理が強化され、制度の運営コストが上がり、全体のベネフィットが低下する結果を招くこともままあることかと思います。しかし、人間のバイアスや意思決定の性質に精通することにより、そうしたことからある程度自由になれば、そのような事態は回避できる、というのが筆者の学びでした。

　また、ダンは「人は現在の自分が10年前の自分と大きく変わったと思う一方、10年後の自分はそれほど変わらないと思っている」というふうに感じると喝破しています。これは、将来的に自身が持ちうるポテンシャルに、想像力の欠落がキャップをしてしまう、という可能性を示唆しており、将来のキャリアや生活を設計するすべての人が知っておくべき論点なのではないかと思います。

　人が想像できるようなことはすべて実現可能なのであり、それを超えることは何だろうと考えることで初めて、自分の可能性を生かしていると言えるのかもしれません。これを問われたときに感じた、電気が走ったような感覚は、インタビューから4カ月たった現在でも鮮烈に覚えています。

　私は、今まで、そして10年間も行動経済学をかじっていながら、この視点を持てておらず、自分の想像力の及ぶ範囲でしか自分のキャリアや将来を考えていませんでした。それを気づかせてくれたダンに、心からの感謝をするところです。

　最後に、この本に関わるきっかけをつくって下さった厚生労働省の菊地さん、インタビューの段取りや取材において、大きなサポートをしてくださったBEworksのケリー・ピーターズさんと松木一永さん、そして企画立案・取材・編集において献身的な努力をしてくださり、出版を実現してくださった日経BPの山下奉仁さんに厚くお礼を申し上げ、本書の後書きとさせていただきます。

2020年春

行動経済学をいかにビジネスに導入するか

BEworks
ケリー・ピーターズCEOインタビュー

行動経済学が人間の行動や意思決定の把握に役立つことは分かっていただけただろう。ここでは行動経済学をビジネスで活用するメリットや、実際のビジネスの現場でどのように活用されているかについて、行動経済学をベースにビジネスや政策の課題解決を図るコンサルティング会社「BEworks」をダン・アリエリー氏とともに立ち上げたケリー・ピーターズCEOに聞いた。

行動経済学をビジネスに適用するメリットとは

――日本では行動経済学を個人的に活用しているビジネスパーソンがいる一方、企業が戦略的にビジネスに活用している事例はまだあまりないように思える。行動経済学がビジネスに適用される最大のメリットは何か。

ケリー　イノベーションを定量化できるのが大きなメリットではないでしょうか。定量化によって可能になることが3つあります。

1つ目は人の意思決定、人はどのように意思決定を行うかを科学的に見られること。従来は、人の意思決定プロセスを捉えるのに、アンケート調査やフォーカスグループ（マーケティング調査方法の1つ。対象となる人々を集め、グループ対話形式で自由に発言してもらうなどして情報や意見を収集すること）、マネジャーの直感といったものが使われてきました。顧客の声や豊富な経験に基づく直感には、もちろん一定の価値はあります。しかし、意思決定に科学的な視点からアプローチすることで、より深い理解を得られる。なぜなら、人間の「これが欲しい」「これをやりたい」という意思と実際の行動にはギャップが存在し、行動経済学はそのギャップを科学的に調査して理解することを可能にするからです。

例えば、スマートフォンやクルマなどの商品を選ぶ際は、「面白さ」や「楽しさ」といったシンプルな感情に訴えかけられますが、保険商品のように選ぶことがすごく複雑で意思決定が難しいものもあります。そういった複雑な商品こそ、より良い選択のために何が顧客の意思決定に影響しているかを知る必要があり、それを体系的に理解するのに有効なのが科学的手法なのです。しかし、例えばアンケートベースのフォーカスグループだとなかなかインサイトが出てこない。そういう複雑な意思決定を理解するツールとして行動経済学は有効だと思います。

もう1つはチョイスアーキテクチャーと呼ばれるアイデアで、これは選択環境を設計することで人の意思決定が左右されるという考え方です。従来の「値段を変える」「情報を提供する」といった方法ではなく、選択肢の提供方法によって人の認知を変えることが可能になります。情報の提供方法が人の意思決定に影響すること自体を不思議に思う人はあまり多くはないでしょう。しかし、ここで興味深いのは、どのような方法が最も効果的かという点において、私たちの直感に反することがあるということです。

例えば、人によって商品の好みはさまざまだから、直感的には多くの選択肢があるほうが顧客に買ってもらいやすくなると思われがちです。しかし、選択肢が少ないほうが好まれる場合もあるのです。実際のデータによると、選択肢が多いと情報過多で選びきれず、逆に少ないほうが容易に選べるので購入しやすくなることがあります。このように、選択肢をどう提示すべきかについての知見を得られるのも行動経済学の強みの1つだと思っています。

――さまざまな企業や団体のコンサルティングを実践してきた中で、最も効果が高く、うまくいっているのはどのジャンルか。

ケリー　私たちが今までに取り組んだプロジェクトは100を超えていますが、科学的アプローチを導入することで直感では得られない知見を得るという点では、ジャンルを問わず効果を期待できます。
それを踏まえた上で、現時点では金融サービスはジャンルとして最もフィットしやすいと思います。なぜかというと、行動ファイナンスと呼ばれる、ファイナンスにおける人の行動心理といった学問がすでに取り入れられているため、投資家がどのような意思決定プロセスで銘柄を選んで投資するか、個人がどのようなバイアスをもって投資しているかというデータが豊富に存在するからです。それを理解した上で、人が行動を変えることを促してきた歴史があるので、行動経済学を受け入れるベースがあるという意味で導入はしやすいのではないでしょうか。

――プロジェクトを進めるときの決まったメソッドやプロセスはあるか。

ケリー　弊社では、独自に開発したBEworksメソッドを用いてプロジェクトを進めます。科学的手法と行動経済学の知見に加え、プロジェクトマネジメントやマネジメントコンサルティングの要素を取り込んだ包括的なメソッドです。

プロジェクトマネジメントの要素により、例えばスコープ（活動の範囲）やタイムラインをどのように設定するかだけではなく、コンティンジェンシー・プラン（起こりうる不測の事態を想定した対処策や計画）をきちんと組み込むことができます。また、マネジメントコンサルティングでは、ステークホルダーとコミュニケーションを取りながら、価値向上とＲＯＩ（費用対効果）の設定を図っていきます。

――BEworksが一般的なコンサルティング会社と違う点は何か。

ケリー　最も大きな要素は、フィールド実験によってテストしていく点ではないでしょうか。行動経済学のさまざまなインサイト、例えば「損失回避バイアス」や「アンカリング」、「社会的証明」などに対して多くの企業が魅力を感じていますが、活用する際に必ずしも科学的厳密性や規律がない場合が多い。そこに科学的厳密性を持って実践しているコンサルティング会社を、私は見たことがありません。ある課題における行動インサイトがほかのケースにそのまま適用できるとは限らず、実際に検証してみることによってどれくらいの効果を発揮するかが分かるようになるのです。課題を取り巻くコンテクストを特定し、科学的に妥当性のある解決法を提供できるのが強みだと思います。

——確かに損失回避バイアスやアンカリングなど、行動経済学が得意とする、フィールド実験を通じて不合理な人間の行動パターンを捉える部分はすごく面白いし、そこに魅力を感じている企業やマーケターは多いと思う。ただそれを実際に現場でどういうふうに活用しているのか。

ケリー　先ほど説明したBEworksメソッドには5つのフェーズがあり、1つめが「ディスカバリー（状況調査）」というものです。実際にどういう課題を持っているかをヒアリングするフェーズで、ここで非常に重要なのは「メジャラブル・オブザーバブル・ビヘイビア（MOB）」、つまり定量的に測ることができて観察できる行動が何かを知ること。MOBを設定することで、プロジェクトにおいて何を目標とするのかを明らかにします。次のフェーズの「ビヘイビアル・

ダイアグノスティクス（行動診断）」では、ジャーニーマップを作成し、人がどういった理由でMOBを起こせていないのかを診断します。それを理解する上で、「エクスターナリティー」と「インターナリティー」という2つの要素があります。エクスターナリティーは、個人がコントロールできないもの。例えば、法律で決まっていれば、人はそれに対して何か変化を加えるのは難しい。一方、インターナリティーは人が何らかの形でコントロールできるもの。インターナリティーにおいて、どういった認知的なバイアスが存在し、目標とする行動の妨げになっているのかを診断していくのです。

行動診断によって明らかになった状況に対してどのような施策が必要かを考えるのがその次のステップです。ここで行動経済学が得意とするアンカリングのような人間の行動パターンに即したフレームワークが使えます。

ただ、アンカリングや今話題になっている「ナッジ」などは、あくまでアプローチの1つにすぎません。我々のメソッドは行動経済学だけでなくさまざまな学際的要素を取り込んでおり、ほかにもたくさんのアプローチがあります。それらをグループ化して、フレームワークが出来上がっているのです。ですので、まず状況を把握した上で診断し、特定の状況下において最も適しているツールを使う。いつどういう状況ならどのツールが使えるかが分かるまでをフレームワークとして作り込んでいます。

——聞いていてすごく面白いなと思ったのは、人間の「行動」にフォーカスして科学的手法を用いているところ。その上で、データをどう把握するかというのも重要だと思う。データを使うことは科学的だと思われているが、データの種類や読み方によって結論が変わってくることもある。

ケリー　まず言っておきたいのは、データとエビデンス（証拠）は全く別物だということ。データが証拠になるプロセスは非常に複雑で、そこには厳密にデザインされた実験が存在します。データサイエンスと実験を使った科学的証拠の差はそこにあると思います。

データサイエンスでは、データの中にパターンを見つけ、それが意味することを見出していきますが、そこに人間のバイアスがかかってくる可能性があります。一方エビデンスは、仮説を作り、それを非常に厳密な実験を行うことで反証するというプロセスの最後に生まれるもので、バイアスを最大限に取り除くステップが必ず含まれてくるのです。そのバイアスがない状態で、世の中や人のことをある程度の妥当性を持ってさまざまな角度で活用できる特別な種類のデータがエビデンスだと考えてください。それが我々の言う「科学的思考」の基盤となるものです。

また、データが何を意味しているかを抽出しようとするのと、仮説を持ってデータを見るという、スタート地点の違いもあります。例えば、ウェブメディアのページビューを分析する際、単純にページビューが多い記事の共通点を分析することはできます。しかし、例えば、自分はマーケターだからマーケティングについて取りこぼさないように読みたいといった、「読み手は価値観を共有できるコミュニティーに属したいという欲求に沿って記事を選んでいる」という仮説を持ってデータを見ると、全然違った見方が出てくるのです。

最初に仮説があると、ただページビューをどう増やすかだけでなく、例えばその記事は読み手が自身の属するコミュニティーにふさわしい情報と感じているか、読み手の欲求を満たしているかといった、ページビューとは違った角度での指標を作り出すことができます。すると、ページビューというＲＯＩにつながる別のメカニズムに対する働きかけが必要になり、それに対してどう働き掛けていくかを考えることができる。ページビューに基づくインサイトがつかめるかというより、人はどういうプロセスでページビューにつながるような行動を起こすのか。それ以外に見られるＲＯＩがあるのではないかと探っていくことができるのが科学的思考のプロセスです。

今読んでいる本に医療現場で見るバイアスというものが書いてあったのですが、「1週間にどれぐらい水を飲むか」と患者に聞くと、多くは自分が飲んでいる水の2倍の量を言うそうです。そういったバイアスがあるということを理解した上で患者や消費者、データを見ていく必要があり、そのようなデータを集約する段階で、何に着目すべきかの知見を得る際に行動経済学が生かされると思います。

［聞く人］ 富永朋信
Tomonobu Tominaga

Preferred Networks執行役員・最高マーケティング責任者。日本コカ・コーラ、西友などでマーケティング関連職務を歴任し、ドミノ・ピザ、西友など4社でマーケティング部門責任者を拝命。社外ではイトーヨーカ堂、セルムの顧問、厚生労働省年金局 年金広報検討会構成員、内閣府政府広報室 政府広報アドバイザー、駒沢大学非常勤講師などを務める。日経クロストレンドなど、マーケティング関連メディア・カンファレンスなどのアドバイザリー、ボードメンバーなど多数。著書に『デジタル時代の基礎知識「商品企画」』（翔泳社）。

［答える人］ ダン・アリエリー
Dan Ariely

デューク大学教授で、行動経済学をビジネスや政策課題に応用するコンサルティング会社「BEworks」の共同創業者。1967年生まれ。過去にマサチューセッツ工科大学のスローン経営大学院とメディアラボの教授職を兼務したほか、カリフォルニア大学バークレー校、プリンストン高等研究所などにも在籍。高価な偽薬（プラセボ）は安価な偽薬よりも効果が高いことを示したことから、2008年にイグ・ノーベル賞も受賞。『予想どおりに不合理』『不合理だからうまくいく』『ずる』『アリエリー教授の「行動経済学」入門』（いずれも早川書房）など著書多数。

「幸せ」をつかむ戦略

2020年2月18日　第1版第1刷発行

聞く人	富永朋信
答える人	ダン・アリエリー
取材協力	ケリー・ピーターズ、松木一永（BEworks）
撮影	アンドリュー・ミラー
翻訳	松浦由希子
装丁	小口翔平＋岩永香穂（tobufune）
本文デザイン	喜來詩織（tobufune）
制作	クニメディア
印刷・製本	大日本印刷株式会社
編集	山下奉仁
発行者	杉本昭彦
発行	日経BP
発売	日経BPマーケティング
	〒105-8308　東京都港区虎ノ門4-3-12
	URL　https://www.nikkeibp.co.jp/books/

ISBN978-4-296-10564-9 Printed in Japan

本書籍に関するお問い合わせ、ご連絡は下記にて承ります。
https://nkbp.jp/booksQA